Emil Marian

Deutschlands Geflügelhaltung und sein Handel mit Geflügelprodukten

Emil Marian

Deutschlands Geflügelhaltung und sein Handel mit Geflügelprodukten

---

ISBN/EAN: 9783845724393
Erscheinungsjahr: 2012
Erscheinungsort: Bremen, Deutschland

www.unikum-verlag.de | office@unikum-verlag.de

Emil Marian

Deutschlands Geflügelhaltung und sein Handel mit Geflügelprodukten

Deutschlands Geflügelhaltung
und sein Handel mit Geflügelprodukten

Emil Marian

Borna - Leipzig
Buchdruckerei Robert Noske
1906.

Inhaltsverzeichnis.

Die Geflügelhaltung in Deutschland in früheren Zeiten.

Die Zähmung des Geflügels hat der Mensch verhältnismäßig spät vorgenommen. Die anderen Haustiere hatten schon lange eine wirtschaftliche Bedeutung erlangt, als das Federvieh sich ihnen zugesellte. Durch die Untersuchungen der Tierreste, die in den schweizerischen Pfahlbauten gefunden sind, gelang es Rütimeyer, ein vollständiges Bild der Haustiere der Pfahlbautenbewohner zu zeichnen. Wir finden darunter alle diejenigen der heutigen Zeit mit Ausnahme von Pferd, Katze und Geflügel.[1]) Es wurden wohl Reste von Gänsen gefunden, aber diese gehören einer wilden Art an und die Hühnerreste, die in Morges (Schweiz)[2]) und in Terramaren (bei Parma),[3]) Dourdan (Frankreich)[4]) und Olmütz[5]) in vorhistorischen Funden vorkamen, sind wahrscheinlich viel späteren Ursprungs als der Rest der Ausgrabungen.

Bei der Zähmung des Geflügels hat, wie übrigens auch bei der Zähmung anderer Tiere, der etwaige Nutzen nur in letzter

---

1) L. Rütimeyer, Die Fauna der Pfahlbauten i. Mitteil. d. antiquar. Gesellsch. zu Zürich, Bd. 13, Abt. 2, 1860; S. 231.

2) Rütimeyer, ebenda S. 164.

3) Conrad Keller, Die Tierwelt in der Landwirtschaft, Leipzig 1893, S. 126.

4) A. Milne-Edwards, Observations sur les oiseaux, dont les ossements ont été trouvés dans les cavernes du sud-ouest de la France. Matériaux pour l'histoire positive et philosophipue de l'homme 10, Toulouse-Paris 1875, S. 478.

5) L. H. Jeitteles, Die vorgeschichtl. Altertümer der Stadt Olmütz und ihrer Umgebung in Mitteilungen des Ornithologischen Vereins in Wien I. 1871. S. 127, II. 1872. S. 18.

Reihe als Beweggrund mitgewirkt; der Mensch war vielmehr von dem tief in seiner Natur wurzelnden Geselligkeitstriebe geleitet, als er Vögel zu halten und zu pflegen begann.[1]) Den gezähmten Vögeln, besonders dem Huhn und der Taube, die anfangs nur zum Vergnügen gehalten wurden, wurde in späterer Zeit eine Kultusbedeutung beigelegt. Mit der Verbreitung der verschiedenen Kulten erfahren auch diese zahmen Vögel eine weite Verbreitung und es ist vielleicht dem Kultus und den Mythen zu verdanken, daß das Haushuhn sich bei allen Völkern der Welt, unter allen Breitengraden findet.[2]) Neben den religiösen Momenten waren auch das Spiel (Hahnenkämpfe) und der Nutzen, welche zur Verbreitung der Hausvögel beigetragen haben.

In Europa und Vorderasien scheint die Gans die älteste Hausgeflügelart zu sein. In Ägypten hatte sie schon frühzeitig eine wirtschaftliche Bedeutung erlangt. In Griechenland war sie in der homerischen Zeit gehalten, zu Speisezwecken aber nicht verwendet;[3]) sie galt vielmehr als ein schöner Vogel und als solcher wurde sie oft verschenkt.[4]) Von Griechenland nach Italien gebracht, wurde sie hier im großen gezüchtet und im ausgedehnten Maße für die feine Küche benutzt. Im Norden wurde die einheimische wilde Gans gezähmt, und auch in der Edda finden wir sie. Gudrun klagt am Leichnam Sigurds:

„Und hell aufschrieen
Im Hofe die Gänse,
Die zieren Vögel,
Die Gudrun zog.“[5])

Das Haushuhn war den Semiten und Ägyptern nicht bekannt. Im alten Testament wird es nicht erwähnt, und auch auf den ägyptischen Denkmälern fehlt es. Schon 1200—1400 Jahre vor Christi Geburt in Indien, wo es einheimisch ist, als

---

[1]) Fr. Ratzel, Völkerkunde I. B. Leipzig 1894. S. 84.

[2]) Julius Lippert, Kulturgeschichte der Menschheit, I. B., Stuttgart 1886, S. 556 und folgende, II. B., Stuttgart 1887, S. 403.

[3]) Wilh. Wegener, Die Tierwelt bei Homer, Königsberg 1887, S. 35.

[4]) Jahn, Berichte über die Verh. d. k. sächs. Gesellsch. d. Wissensch. zu Leipzig II. B., Leipzig 1849, S. 51.

[5]) Simrocks Übersetzung I. Lied von Gudrun 16.

Haustier verbreitet, wird es in Babylon erst im 7. Jahrhundert vor Christi eingeführt und von da nach Griechenland in der zweiten Hälfte des 6. Jahrhunderts gebracht, wo es erst „persischer Vogel“ genannt wird. In Mitteleuropa wurde es erst im 5. Jahrhundert verbreitet, und, wie die vergleichende Sprachforschung zeigt, nicht durch die Römer, sondern direkt von Griechenland durch die osteuropäischen Völker.[1]) Cäsar fand es Mitte des 1. Jahrhunderts in Britannien, wo es allerdings nicht zu Nahrungszwecken benutzt wurde.[2])

Die Taube, die man schon um 3000 v. Chr. auf ägyptischen Speisezetteln vorfindet, wurde schon auf asiatischem Boden mit dem mystischen Schein, den sie bis in die christlichen Lehren hinein beibehalten hat, umwoben. Im fünften Jahrhundert wurde sie von Syrien nach Griechenland gebracht[3]) und fand als Vogel der Venus eine große Verbreitung. Von hier ist sie über Rom nach Deutschland erst nach der Einführung des Christentums gekommen und lange Zeit nur als Ziervogel gehalten worden. Noch im Baurisse von St. Gallen sind nur Gelasse für Hühner und Gänse, nicht aber für Tauben eingezeichnet.[4])

Die Ente wurde von den Römern um die Zeit der Geburt Christi gezähmt und erst von Italien nach Deutschland gebracht, wie ja auch der Name zeigt.[5])

Das Truthuhn ist das einzige Haustier Europas, welches aus Amerika nach der Entdeckung dieses neuen Weltteiles die Wirtschaft der alten Kulturvölker bereicherte. Fernando Cortez fand im Jahre 1520 Tausende von Truthühnern am Hofe des Kaisers Montezuma. Erst (1524) ward es nach Spanien gebracht, wo es indischer Pfau genannt wurde, kam gegen 1530 nach

---

[1]) V. Hehn, Kulturpflanzen und Haustiere in ihrem Übergang aus Asien nach Griechenland und Italien. 7. Aufl., Berlin 1902, S. 329.

[2]) Bell. gall. V. 12.

[3]) Jwan v. Müller, Die griechischen Privataltertümer, 2. Aufl., München 1893, S. 242.

[4]) Moriz Heine, Das Deutsche Nahrungswesen von den ältesten geschichtl. Zeiten bis zum 16. Jahrhundert, Leipzig 1901, S. 194.

[5]) K. W. Volz, Der Einfluß des Menschen auf die Verbreitung der Haustiere und der Kulturpflanzen, Leipzig 1852, S. 137.

Deutschland und war zwischen 1550 und 1560 schon so verbreitet, daß es für die Küche verwendet wurde.[1])

So viel über die Einführung des zahmen Geflügels in Deutschland. Was die weitere Entwicklung der Geflügelhaltung betrifft, so ist das Material, was wir besitzen, so lückenhaft, daß eine systematische historische Darstellung heute unmöglich erscheint.

Dieses Material erlaubt jedoch auf eine große Verbreitung des Geflügels in früheren Jahrhunderten zu schließen und zeigt, daß dieses eine wichtige Rolle im wirtschaftlichen Leben und in der Ernährung der alten Germanen und der Deutschen des Mittelalters gespielt hat.

Daß die Vogeleier einen beträchtlichen Teil der Nahrung der alten Germanen bildeten, berichtet schon Cäsar in seinem „De bello gallico“,[2]) und Plinius hat uns in seiner „Historia naturalis“ manches, die Gänse der Germanen betreffend, hinterlassen. So heißt es, daß die nach Rom getriebenen Gänse, die aus dem Lande der Moriner stammten, in der Weise weiter gebracht wurden, daß die ermüdeten vorausgehen mußten, um von den anderen getrieben zu werden. Sehr geschätzt waren bei den Römern die feinen Federn und Daunen der kleinen weißen germanischen Gänse, und einigen römischen „Praefecti auxiliorum“, die nach Germania kommandiert waren, wurde nachgesagt, sie hätten ganze Kohorten zu Gänsefang zerstreut.[3]) Bei den Altgermanen war die Gans als Erntedankopfer zu Ehren Wotans und Thors verwendet und vom fünften Jahrhundert an wurde sie in Nord- und Mitteleuropa als Festbraten am Geburtstage des Heiligen Martinus, Bischof von Tours, den 11. November benutzt. Ihrer wirtschaftlichen Bedeutung gemäß sprechen Gesetz und Brauch den Gänsen und Hühnern gewisse Rechte zu, so bestraft die lex salica[4]) den Gänsedieb mit drei Schillingen. Die Lex Alamannorum bestimmt, daß, wenn einer eine Gans gestohlen oder erschlagen hat, er den neunfachen Wert bezahlen

---

[1]) Eduard Hahn, Die Haustiere und ihre Beziehungen zur Wirtschaft des Menschen, Leipzig 1896, S. 328.

[2]) 4, 10.

[3]) Hist. nat. X. 22.

[4]) VII, 5.

soll. Im Schwabenspiegel heißt es (Kap. 238) von zahmen Gänsen, Hühnern und Enten: „Wie lange das aus ist, und wohin es auch kommt, so ist es doch mein, und wer es innehat, und weißt, daß es nicht sein ist, das ist Diebheit und man soll es richten als hiervon gesprochen ist.“ Es war der Gans vergönnt, auf den Stoppelfeldern ihre Nahrung zu suchen. Das Huhn darf über 9 Zäune seine Nahrung suchen, und wenn einer es dort schlägt, muß er das Huhn zurückgeben und auch Entgeld dazu geben.[1]) Der Ente kam nicht so viel Bedeutung zu wie dem Huhn, sie durfte nur das haben, was sie durch den Zaun mit dem Schnabel erlangen konnte. Mit der Taube ist es am schlechtesten gestellt: sie hat nicht weiter Gerechtigkeit als auf der Hecke, wird sie totgeschossen, so gehört sie, wenn sie außer dem Hofe fällt, dem, der sie geschossen hat.[2]) Karl der Große bestimmt in der Capit. de vill.[3]) daß auf jedem seiner Hauptgüter 100 Hühner und 30 Gänse, auf jedem kleineren Gute 50 Hühner und 12 Gänse gehalten werden müssen und auch auf allen seinen Mühlen Hühner und Gänse gehalten und gemästete nach seiner Hofhaltung gesandt werden sollen. Seinem Beispiel folgend hielten die herrschaftlichen Höfe dieser Zeit allerlei Nutz- und Ziergeflügel, aber schon im 10. Jahrhundert verschwindet das Geflügel vom herrschaftlichen Hofe, und die bäuerliche Wirtschaft hat den ganzen Bedarf an Geflügel und Eiern zu decken.[4])

Daß im Mittelalter die Hühnerhaltung nicht unbedeutend gewesen ist, beweist der so oft vorkommende Hühnerzins, Rauchhühnerzins und Eierzins. In der Carta Leodoani vom Jahre 706, welche die älteste Urkunde, die über Angaben und Dienste der Mansen berichtet, ist, heißt es, daß die Mansen von Stain (Diöc. Verdun) den Mönchen des Klosters St. Eucharius in Trier zu Ostern unter anderem auch 20 Hühner und 100 Eier

---

[1]) Weistümer, gesammelt von Jacob Grimm, 3, 309, Niedersachsen zit. bei Moriz Heine, a. a. O. S. 191, Nota 158.

[2]) Jacob Grimm, Deutsche Rechtsaltertümer, 4. Aufl., Leipzig 1899, S. 135.

[3]) § 19.

[4]) v. Inama-Sternegg, Deutsche Wirtschaftsgeschichte, Leipzig 1879, II. S. 91.

zu liefern haben und ebensoviel am St. Martini, Weihnachten, St. Andreas, St. Remigii.[1]) Nach dem alamannischen Volksrechte hatten die Servi unter anderen Abgaben auch 5 Hühner und 20 Eier zu liefern, und nach dem bayerischen hat der Colonus 4 Hühner und 15 Eier abzugeben.[2]). In den Weistümern finden wir Eierzinsen von 20 bis 700 Stück. Durch Teilung der Lehen geht der Zins selbst auf halbe Eier, und dann ist die Teilung auch vorgeschrieben, „item geben die inwohner dem capittel st. Symeons die hoener mit acht halben eye, das halb eye soll man mit einem colter durchhauwen uff einer schwellen, was auszfelt ist des herrn propsts, was infelt des armen mans".[3]) Diese Hühnerzinsen haben sich sehr lange erhalten. Noch im Jahre 1771 finden wir im Pachtvertrage für die Domäne Stapelburg als verpachtete Gegenstände Rauchhühner und Gänsezinse.[4]) Auch in England waren die Hühner- und Eierzinsen sehr verbreitet.[5]) Die Gans war wegen ihrer großen Masse Fleisch vielmehr ein bäuerlicher Vogel, während das Huhn zur „edelen spise" gehörte und das vornehme Buch von guter Speise des 14. Jahrhunderts gibt unter 100 Kochrezepten 18 Gerichte mit Hühnern, aber nur 2 mit Gänsen an.[6]) Als aber die Intensität des Ackerbaues zunahm, wurde das Federvieh lästig und der Federviehhaltung wurden allerlei Grenzen gezogen: Die Zahl der zu haltenden Hühner wurde beschränkt und an Landbesitz gebunden, übermäßige Zahl der Tauben verboten, so gestattet eine sächsische Landesverordnung am Beginn des 17. Jahrhunderts, als die Tauben Mode waren, nur acht Paar Tauben auf einer Hufe Land.[7])

---

[1]) Ebenda I S. 157 Nota 6.

[2]) v. Inama-Sternegg. I S. 157.

[3]) Heyne, op. cit. S. 304 Nota 125 aus Weist. 2, 320; vgl. auch Art. Ei in: Deutsches Wörterbuch von Jac. und Wilh. Grimm III, Leipzig 1862.

[4]) Alex Backhaus, Entwicklung der Landw. auf d. Gräfl. Stollberg-Wernigerodischen Domänen, Leipzig 1888, S. 57.

[5]) I. T. Rogers. A history of Agr. a. Prices, Oxford 1866, I S. 339 Nota.

[6]) Moriz Heine a. a. O. S. 298.

[7]) Chr. Ed. Langethal, Geschichte der deutschen Landwirtschaft, Jena 1854, S. 258.

A. Lage der deutschen Geflügelhaltung.

I. Statistik des Federviehes.

Über den heutigen Geflügelbestand im Deutschen Reiche geben die Geflügelzählungen Auskunft. Die erste und bis jetzt einzige Geflügelzählung im ganzen Umfange des deutschen Reiches fand am 1. Dezember 1900, gelegentlich der großen Viehzählung statt. Es wurden einschließlich des jungen Federviehs (Küken usw.) gezählt[1]):

		pro 100 Einwohner
Gänse	6 239 126	11,1
Enten	2 467 043	4,4
Hühner	55 395 837	98,3
Truthühner	351 165	0,62
Perlhühner	120 071	0,21
zusammen	64 573 242	114,6

Wie daraus zu ersehen ist, bilden der Zahl nach die Hühner 86 %, die Gänse 10 % des in Deutschland gehaltenen Federviehes. Die Zahl der Hühner ist verhältnismäßig höher in der Provinz Rheinland (96 % des vorhandenen Federviehes), Oldenburg und Westfalen (95 %), Schleswig-Holstein, Hannover (92 %) und geringer in Schlesien (73 %), Reuß ä. L. (74 %) und Königreich Sachsen (75 %). Die Gänse bilden in Reuß ä. L. 24 %, im Königreich Sachsen 22 %, in Reuß j. L. und Schlesien 21 %, in Brandenburg 19 % des vorhandenen Federviehes. Man sollte aber nicht daraus schließen, daß in diesen Gebieten mehr Gänse gezüchtet werden. Wie wir sehen werden, sind es gerade diese Gegenden, in welchen ein reger Handel mit vom Auslande eingeführten Gänsen stattfindet.

Auf die Fläche bezogen hat Hessen den stärksten Federviehbestand (181 Stück auf 1 qkm. Gesamtfläche), dann kommen: Königreich Sachsen (169), die Rheinprovinz (164), Provinz Sachsen (163), Westfalen und Elsaß-Lothringen (159), Thüringen (152), die Pfalz (150), weit unter dem Reichsdurchschnitt (119.4)

---

[1]) Die Ergebnisse der Viehzählung vom 1. 12. 1900 im deutschen Reich, Berlin 1903 S. 39.

stehen: die beiden Mecklenburg (78) und die sechs östlichen Provinzen Preußens (80—98).

Auf 100 Einwohner bezogen steht Niederbayern mit 235 Stück Federvieh obenan (Reichsdurchschnitt 114,6). Es folgen: Oldenburg (222,6), Oberpfalz (201,6), Provinz Hannover (177,8).

Ziehen wir nun die Zahl der Hühner, die, wie wir gesehen haben, die zahlreichste Geflügelart bilden, in Betracht und vergleichen sie mit der landwirtschaftlich benutzten Fläche,[1]) dann kommen im Deutschen Reiche 1,58 Stück Hühner auf 1 ha. landwirtschaftlich benutzte Fläche; Preußen steht mit 1,43 Stück pro ha. unter dem Reichsdurchschnitt. Die höchste Zahl weist das Rheinland mit 2,62 Stück auf, an zweiter Stelle steht Westfalen mit 2,48 Stück, dann kommen Hessen 2,39, Oldenburg 2,34, Elsaß-Lothringen 2,20, Hannover 1,98. In Ostpreußen kommen nur 0,84, in Westpreußen 0,98, Pommern und Posen 0,99 Stück Hühner auf 1 ha. landwirtschaftlich benutzte Fläche. Wie daraus zu ersehen ist, sind es gerade die Gebietsteile mit vorwiegend Klein- und Mittelgrundbesitz, die die größte Zahl Hühner und Federvieh im allgemeinen halten.

Bei Mangel einer älteren Reichsstatistik müssen wir uns an die von den einzelnen Staaten vorgenommenen Zählungen halten, um zu ermitteln, ob eine Vermehrung des Geflügels erfolgt ist. In Sachsen fand schon im Jahre 1855 gelegentlich der Volkszählung eine Zählung des Federviehes statt. Es wurden damals ermittelt:

510 925 Hühner,
339 104 Tauben,
139 425 Gänse,
28 577 Enten.

Diese Zahlen wurden aber damals vom statistischen Bureau nicht veröffentlicht, weil sie zweifelsohne weniger als den wirklichen Bestand angaben.[2])

---

[1]) Nach Zahlen veröffentlicht: Vierteljahrshefte zur Statistik des Deutschen Reiches, Berlin 1902, III S. 148 ff.

[2]) Oskar Siehr, Ergebnisse der im Königr. Sachsen vorgenommenen Viehzählungen. Zeitschr. des kgl. sächs. statist. Bureaus, Supplementheft, Z. 39. Jahrg., Dresden 1895, S. 41.

Die nächste Geflügelzählung fand in Sachsen im Jahre 1892 statt. In der Zeit vom 14. bis 17. März 1892 tagte in Berlin eine Konferenz der Vorstände der statistischen Ämter sämtlicher Bundesstaaten, um Beschlüsse zur Verbesserung der landwirtschaftlichen Statistik zu fassen. Am 17. März fand die Beratung über Viehzählung statt, und es wurde beschlossen, in die Formulare auch das Federvieh betreffende Fragen einzusetzen. Am 7. Juli 1892 genehmigte der Bundesrat die Vorlage der Konferenz mit wenigen Abänderungen, die Fragen über Federvieh wurden aber gestrichen.[1]) Eine Zählung des Federviehes wurde bei der Viehzählung vom 1. Dezember 1892 nur in Sachsen Württemberg und Baden vorgenommen. In Preußen wurde das Federvieh 1897 zum ersten Male gezählt. Es wurden damals folgende Bestände festgestellt:

Hühner

	1892	1900	Zunahme
Sachsen	1 433 296	1 901 369	468 073
Württemberg	1 939 335	2 479 777	540 442
Baden	1 560 006	1 888 324	328 318
	1897		
Preußen	31 121 531	32 813 225	1 691 694

Gänse

	1892	1900		
Sachsen	372 350	549 882	Zunahme	177 532
Württemberg	332 778	237 536	Abnahme	95 242
Baden	159 461	155 581	„	3 980
	1897			
Preußen	3 786 172	3 698 661	„	87 511

Enten

	1892	1900	Zunahme
Sachsen	41 924	65 582	23 658
Württemberg	139 332	181 531	42 199
Baden	51 357	56 150	4 793
	1897		
Preußen	1 564 499	1 702 882	138 383

---

[1]) Zeitschr. d. preuß. statist. Bureaus, Jahrg. 1895 S. 240.

Legt man diese Zahlen zugrunde, so ergibt sich für den Zeitraum von 1892—1900:

im Königr. Sachsen eine Zunahme d. Zahl d. Hühner v. 32,66 %
iu Württemberg „ „ „ „ 27,86 %
in Baden „ „ „ „ 17,39 %

In dieser Zeit hat die Zahl der Schweine im Königreich Sachsen um 33 % zugenommen, der Pferde nur um 12,28 % und der Rinder nur um 3,63 %. In Preußen liegen die Verhältnisse ähnlich. Die Zahl der Hühner wächst neben der der Schweine viel schneller als die Zahl der anderen Haustierarten. Es betrug die Zunahme der Hühner von 1897—1900 5,44 %, die der Schweine 5,55 %. Die Zahl der Gänse ist dagegen in Abnahme begriffen.

1892—1900 in Württemberg um 28,62 %
„ „ in Baden „ 2,49 %
1897—1900 in Preußen „ 2,32 %

Nur in Sachsen wurden 1900 um 47,71 % mehr Gänse als 1892 gezählt, aber die meisten davon waren vor kurzem aus dem Auslande importiert. Die Zahl der Gänse, die in Deutschland gehalten werden, nimmt ständig ab.

In Preußen war die Zunahme der Geflügelzahl über dem Durchschnitte von 5,37 % in den Provinzen: Schleswig-Holstein 11,05 %, Hannover 9,40 %, Westfalen 8,08 %, Brandenburg und Ostpreußen 5,60 %. In der Provinz Hannover hatte der Regierungsbezirk Osnabrück eine Zunahme von 12,88 % und Lüneburg eine solche von 11,26 % aufzuweisen.[1]) Über die Ursachen dieser starken Zunahme wird beim genossenschaftlichen Eierverkauf gesprochen werden.

Am 1. Dezember 1892 wurden in Sachsen: 183 160 Federviehbesitzer gefunden, davon hielten 50 139 = 27 % nur Geflügel, aber sonst kein Nutzvieh, 133 021 = 73 % auch andere landwirtschaftliche Nutztiere.

Wenn man annimmt, daß die Zahl der landwirtschaftlichen Betriebe 1892 als auch 1895 dieselbe war, d. i. 193 708, so bleiben noch 60 687 landwirtschaftliche Betriebe, die 1892 kein

---

[1]) Zeitschr. d. kgl. preuß. statist. Bureaus, 1901, I S. 27.

Federvieh hielten, das macht $^{1}/_{3}$ der vorhandenen landwirtschaftlichen Betriebe. In Preußen gab es im Jahre 1897 nur $^{1}/_{6}$ derselben, die kein Federvieh aufweisen konnten. In Württemberg hielten 13 % der im Jahre 1900 vorhandenen Viehbesitzer nur Geflügel und Bienenstöcke, aber sonst kein Vieh; und 22 % der landwirtschaftlichen Betriebe hatten kein Geflügel aufzuweisen.[1])

Wollen wir uns über den Besitzstand der einzelnen Gehöfte an Federvieh orientieren, so müssen wir uns an die preußische Zählung vom Jahre 1897 halten, da sie die einzige in Deutschland ist, die diese Verhältnisse eingehend berücksichtigt. Es waren damals in Preußen Maßnahmen zur Förderung der Geflügelzucht in Aussicht genommen, und da in Preußen früher keine Federviehzählung stattgefunden hatte, so wollte man genauere Auskunft über den Stand der Federviehhaltung haben.[2]) Damals hielten über die Hälfte (51 %) aller Federviehbesitzer weniger als 10 Stück Geflügel, 35 % derselben hielten 11—25 Stück, 10 % 26—50, 3 % 51—100 und nur 1 % über 100 Stück. So zeigt sich auch hier, daß das Hauptgewicht der Federviehhaltung in dem Kleinbesitz liegt, wie das auch aus der Verteilung des Federvieh- und Hühnerbestandes auf die verschiedenen Gebietsteile des deutschen Reiches zu ersehen ist.

Den Ergebnissen der bisherigen Geflügelzählungen muß man aber keinen absoluten Wert beilegen, weil der Erhebungstermin vom 1. Dezember, der für die anderen Nutztiere sehr geeignet erscheint, für das Federvieh nicht zweckmäßig ist; eine große Zahl der Schlachtungen ist schon erfolgt, denn es werden beträchtliche Mengen von Geflügel im letzten Quartale des Jahres kurz vor Weihnachten geschlachtet, so daß man die Zahl der Zucht- und Schlachttiere nicht ermitteln kann. Es wäre vielleicht viel besser, für Federvieh eine besondere Erhebung vorzunehmen, man könnte dann einen günstigeren Termin wählen und durch vermehrte Fragen und Wertsermittlungen weit vollständigere Angaben erhalten.

---

[1]) Nach Zahlen, die in Württ. Jahrb. für Statistik und Landeskunde, Jahrg. 1904, I. Heft S. 45 veröffentlicht sind, berechnet.

[2]) Festschrift d. k. pr. Stat. Bureaus zur Jahrhundertfeier seines Bestehens. Berlin 1905, I S. 100.

II. Produktion und Konsumtion von Geflügelprodukten in Deutschland.

1. Allgemeines.

Weil den Geflügelzählungen keine besonderen Erhebungen, die Produktion von Geflügelerzeugnissen betreffend, beigefügt wurden, müssen wir uns mit Schätzungen begnügen, um den Umfang der Geflügelproduktion zu ermitteln und uns über den Platz, den die Geflügelhaltung im Wirtschaftsleben Deutschlands einnimmt, zu unterrichten.

Für die Weltausstellung zu Paris im Jahre 1900 hat Dr. W. Schultze, z. Z. Geschäftsführer der Hauptstelle Berlin der Deutschen Landwirtschaftsgesellschaft, Berechnungen angestellt, um die jährliche Produktion der verschiedenen landwirtschaftlichen, forstwirtschaftlichen und industriellen Zweige festzustellen. Er fand, daß die Geflügelzucht in Deutschland alljährlich Erzeugnisse im Werte von 483 Mill. Mark hervorbringt.[1]) Da die landwirtschaftliche Jahres-Produktion auf 7 441 Mill. Mark (ohne Forstwirtschaft) geschätzt wird, so entfallen 6,63 % dieser Produktion auf Geflügelerzeugnisse, die an fünfter Stelle stehen, nach:

Molkereierzeugnissen	mit	1 626	Mill. Mark
Brotgetreide	„	1 525	„ „
Schweinefleisch	„	1 192	„ „
Rindfleisch	„	832	„ „

sie haben einen größeren Wert als die deutsche:

Garten- und Obstbau	mit	380	Mill. Mark
u. Zuckerproduktion	„	351	„ „

Der Wert der Geflügelproduktion beträgt die Hälfte des Wertes der Bergbauerzeugnisse (986 Mill. Mk.), $^{2}/_{3}$ des Produktionswertes der chemischen Industrie (742 Mill. Mark) und ist größer als die Produktion der Papierindustrie (205 Mill. Mark) sowie

[1]) Zahlen in: Die deutsche Landwirtschaft auf der Weltausstellung in Paris 1900 und Deutsche landw. Presse Nr. 65, 15. Aug. 1900, S. 812. Nach gütiger Mitteilung von Dr. Schultze wurde dieselbe Methode angewendet, die von demselben in einem Aufsatze in den Mitteilungen der D. L. Ges. 13. Jahrg. (1898) S. 232 dargestellt ist.

der Kartonnagen und Luxuspapier-Industrie (272 Mill, Mk.) zusammen, oder als die Leder- (336 Mill. Mk.) und Glas-Industrie (115 Mill. Mark) zusammen.

Die Summe von 483 Mill. Mark auf die 5 558 317 landwirtschaftlichen Betriebe, die in Deutschland 1895 ermittelt wurden, verteilt, gibt für einen Betrieb eine jährliche Durchschnittsproduktion von 87 Mark.

Bis jetzt wird die Bedeutung der Geflügelhaltung noch vielfach unterschätzt und nur selten als Erwerbsquelle betrachtet. Sehr viele Geflügelhalter haben kein Interesse dafür und dulden das Federvieh im Hofe, weil es einmal vorhanden ist, ein Teil von ihnen treibt Geflügelzucht aus Liebhaberei und kümmert sich nur um Federfarbe und Standard-Rassenmerkmale; nur sehr wenige Landwirte betrachten sie als Einnahmequelle. Von einer zielbewußten und eine rentable Produktion anstrebenden Geflügelhaltung und Züchtung ist sehr selten die Rede und von einer Arbeitsteilung kann man nur die Anfänge wahrnehmen. Eine solche wäre nicht nur aus technischen, sondern noch mehr aus wirtschaftlichen Zwecken zu empfehlen. Es hätten die Gegenden mit reichem Boden und üppiger Vegetation sich mehr der Eierproduktion zu widmen, die Sandgegenden mit kärglicher Vegetation mehr die Aufzucht von Masttieren im Auge zu halten und dadurch die Rohware für großangelegte und industriell betriebene Mästereien zu schaffen. Letztere könnten Privatunternehmungen sein oder auf genossenschaftlicher Basis beruhen.[1])

Der Konsum von Eiern und Tischgeflügel ist mit der Zunahme der städtischen Bevölkerung schnell und stark gewachsen. Neben einer großen Zunahme der Konsumentenzahl ist auch eine Vermehrung der von den einzelnen Personen konsumierten Mengen eingetreten. Der Industrieaufschwung hat in Deutschland einen Wohlstand zur Folge, der auf allen Gebieten der Konsumtion zutage tritt; die hohen Löhne haben bewirkt, daß die Ansprüche an die Lebenshaltung gewachsen sind. Je

[1]) vgl. Aufsatz: Ein Ausblick in die Zukunft unserer Wirtschaftsgeflügelzucht v. Alfred Beeck. D. L. P. Nr. 18, 2. März 1904, S. 149 und ein Vortrag desselben im Jahresbericht d. landw. Vereins f. d. Bremische Gebiet 1899, wiedergegeben.

mehr aber der Wohlstand zunimmt, desto mehr nimmt der Konsum der feinen Genußmittel zu, wie sie durch die Geflügelhaltung produziert werden. Dazu kommt der Umstand, daß der Preis der Eier von 1888—1902 bloß um 18 %, während der Preis des Schweinefleisches in dieser Periode um 30 % gestiegen ist.[1]

Der Steigerung des Konsums steht eine Verminderung der Zahl der Produzenten gegenüber. Seit Jahrzenten ist ja die Entvölkerung des flachen Landes eine immer wachsende und gerade die kleinen Leute: Taglöhner, Kätner, Instleute folgten dem Drange nach der Stadt. Diese sind aber am meisten geeignet, Geflügel zu halten. Sie bekamen ihren Lohn in Naturalien als Deputat und es lag nahe, die minderwertigen Körner und einen Teil des Futters durch Federvieh zu verwerten, weil dieses wenig Arbeit verursacht, den Hausbedarf decken und dazu noch eine Quelle beträchtlicher Einnahmen bilden kann, die für das unbedeutende Geldbudget dieser kleinen Leute sehr wichtig war. Die Zahl der ansässigen Landarbeiter hat sich vermindert und gleichzeitig ist die Form der Deputatlohnung zurückgetreten und mehr und mehr durch den Geldlohn ersetzt.

Die Leutenot zwang den kleinen Landwirt manche Arbeit, die er früher den Arbeitern überlassen hat, selbst zu verrichten, so daß ihm nicht mehr so viel Zeit für die Pflege des Geflügels übrig blieb. Dazu kam, was die Gänse betrifft, die Grundstückzusammenlegung und die immer wachsende Großviehhaltung, so daß besonders die Gänseweiden zur Weide vom Großvieh genutzt wurden.

Also einmal die Steigerung des Bedarfs, dann die Verminderung der Produzentenzahl und die Verschlechterung der inländischen Produktionsverhältnisse trugen dazu bei, daß die Einfuhr der Produkte aus der Geflügelhaltung zunahm.

---

[1] Zugrunde gelegt sind die Jahresmittelpreise in Preußen nach der Statist. Korresp. des Kgl. Stat. Bureaus in Berlin.

II. Hühnerhaltung.

Die Hühner werden sowohl für Eier wie für Fleischproduktion gehalten. Die Leistungsfähigkeit in einer dieser Produktionsrichtung bedingt aber ein Zurückbleiben in der anderen. Es liegt das in der physiologischen Voraussetzung der Produktion. Die Masttiere müssen von Natur schwere sein, die nicht viel Bewegung bedürfen und die frühreif sind. Einen großen Eierertrag kann man aber nur von leichten beweglichen Tieren erwarten, die sich die die Legetätigkeit anregenden Würmer und Insekten aufsuchen können.

a) Eierproduktion. — Eierabsatzgenossenschaften.

Bis vor etwa 10 Jahren vollzog sich der Absatz von Eiern in folgender Weise: Ankäufer befuhren die Dörfer und kauften die Eier nach dem Grundsatze „ein Ei ist ein Ei“, ohne das Alter oder die Größe und die Sauberkeit der Eier zu berücksichtigen. Daß sie dabei sehr viele alte Eier aufkauften, aber das Risiko durch entsprechend niedrige Preise ausgleichen mußten, ist begreiflich. Die Preise waren dabei so niedrig, daß von einer gewinnbringenden Hühnerhaltung keine Rede sein konnte. Man mußte den Aufkäufer ausschalten und dagegen die Frische der Ware garantieren können. Da schritt man mit glänzendem Erfolge zum gemeinsamen Eierverkauf.

Im Jahre 1880 kam der Gutsbesitzer Wex in Uhlenhorst bei Hamburg auf die Idee, alle Eier, die seine Hühner legten, durch einen Gummistempel mit dem Datum des Legetages zu versehen; er hatte damit nur die Absicht, den Verbrauch im Haushalte zu regeln. Die Nachbarn und Freunde folgten seinem Beispiele und jetzt fiel es Wex ein, ein Geschäft daraus zu machen. Er überredete einige seiner Freunde, alle frischen Eier mit Tagesstempeln zu versehen und die nicht im Haushalte verbrauchten einem Hamburger Ladeninhaber zum Verkauf zu übergeben. Er setzte folgende Annonce in die Zeitung: „Datumeier, das Stück 15 Pfennige. Jedes Ei trägt das Datum, an dem es gelegt ist, in blauem Stempel.“ Die Nachfrage war zehnmal so groß wie der Vorrat. Die Bauern der Umgebung boten Eier in großer Zahl an, Wex kaufte aber keine fremden Eier, um die Frische der Ware garantieren zu können. Das Beispiel fand 1881 in Leipzig Nachahmung[1]). Wie die Leipziger Unternehmung zustande kam und wie lange diese zwei Vorläufer der jetzigen blühenden Eierverkaufs-Genossenschaften bestanden haben, war mir nicht möglich zu ermitteln.

Diese Versuche scheinen aber denjenigen, die die Anregung zu den Eierverkaufsgenossenschaften gegeben haben, nicht bekannt geworden zu sein. Der erste gemeinsame Eierverkauf, dessen Beispiel die heutige Eierverkaufs-Genossenschaftsbewegung hervorgerufen hat, fand im Jahre 1895 in Soltau in der Provinz Hannover statt. Der vom Gutsinspektor Paetzmann geleitete Geflügelzuchtverein Soltau, fest davon überzeugt, daß von einem dauernden Interesse der Landwirte zur Förderung der Geflügelzucht nur dann die Rede sein könnte, wenn der lohnende Absatz der Geflügelprodukte gesichert wäre, faßte den Beschluß, einen Versuch mit dem gemeinsamen Eierverkauf zu machen. Der Erfolg überschritt alle Erwartungen. Früher hatten die Eier in der Legezeit einen Preis von 3 Pfg. und manchmal konnte man sie auch nicht einmal um den niedrigsten Preis verkaufen. Jetzt steigerten sich die Einnahmen und das hatte zur Folge, daß die Landwirte sich in höherem Umfange mit Geflügelhaltung beschäftigten.

Der nächste Geflügelzuchtverein, der vom gemeinsamen Eierverkaufe Gebrauch machte, war der Verein Visselhövede. Hier war aber die Zahl der gelieferten Eier schon von Anfang an in der Legezeit 80 000 bis 100 000 Stück, so daß man sich an größere Abnehmer wenden mußte. Einige Mitglieder des Vereins fuhren nach Hamburg, um mit den Hamburger Eiergroßhändlern in Verbindung zu treten. Am Anfang waren diese wegen der Neuheit der Sache sehr zurückhaltend, aber später gingen sie darauf ein und waren sehr zufrieden, besonders weil der Verein auch große Mengen von Wintereiern zu liefern vermochte[2]). Diese guten Resultate veranlaßten auch Ge-

---

[1]) Berliner Markthallen-Zeitung 1904, Nr. 68.

[2]) Zollikofer in Berliner Markthallen-Zeitung 1904, Nr. 78.

nossenschaftsmolkereien, landwirtschaftliche Vereine, landwirtschaftliche Absatzgenossenschaften, sich des gemeinsamen Eierverkaufs anzunehmen und es wurden dazu auch besondere Eierverkaufsgenossenschaften gegründet. Die Landwirtschaftskammer für die Provinz Hannover beförderte die Bewegung durch Gründung einer Vereinigungsstelle für die hannoverschen Eierverkaufsgenossenschaften, die den Erfahrungsaustausch ermöglichte und die Gründung neuer Vereinigungen erleichterte. Die Zahl dieser Genossenschaften wuchs auch sehr schnell, im Jahre 1898 gab es 10, 1899 34, Ende 1901 82 und auf der Ausstellung der deutschen Landwirtschaftsgesellschaft zu Hannover im Jahre 1903 konnte die Vereinigungsstelle im Pavillon der Landwirtschaftskammer Tabellen ausstellen, die über 104 Eierverkaufsvereinigungen Auskunft gaben, 12 davon waren eingetragene Genossenschaften. Die meisten befinden sich in den Heide- und in den Geestgegenden und auch im Osnabrücker Bezirk; in Ostfriesland und Süd-Hannover kommen sie nur einzeln vor. In welchem Grade der gemeinsame Eierverkauf auf die Geflügelhaltung fördernd wirkt, beweist die Tatsache, daß gerade die Regierungsbezirke Lüneburg und Osnabrück die stärkste Geflügelzunahme von 1897 bis 1900 aufweisen.

Die meisten der erwähnten Vereine (94) hatten einen Jahresumsatz von weniger als 500 000 Eiern, und nur 10 setzten jährlich mehr als 500 000 Stück um. Der Gesamtumsatz betrug 21 Mill. Stück jährlich, davon gingen 96% per Eisenbahn an Groß- und Kleinhändler, der Rest wurde in Postpaketen versandt oder im Orte verkauft.

Von den zirka 21 Mill. Eiern, die 1902 durch die hannoverschen Eierverkaufsgenossenschaften abgesetzt wurden,[1])

blieben in Hannover	2 500 000
gingen ins Ausland	4 500 000
„ nach Hamburg	4 250 000
„ „ Bremen	3 250 000

[1]) Deutsche landw. Genossenschaftspresse, Jahrg. 1903, S. 224. Zollikofer: Der genossenschaftliche Eierverkauf auf der Ausstellung der Deutschen landw. Ges. zu Hannover 1903.

gingen nach	Magdeburg u. Prov. Sachsen		1 450 000
„	„	Westfalen	1 250 000
„	„	Braunschweig	1 090 000
„	„	Berlin	1 000 000
„	„	dem Harz	865 000
„	„	Kassel u. Mitteldeutschland	830 000
„	„	Karlsruhe u. Süddeutschland	15 000
		zusammen zirka	21 000 000

Wie daraus zu ersehen ist, sind die Hauptabnehmer: Rheinland, Hamburg und Bremen. Bei einem Durchschnittspreise von 5 Pfg. pro Stück beziffert sich der Wert der jährlich gelieferten Eier auf 1 050 000 Mk. Im Jahre 1903 hatten 105 Vereinigungen 24 Millionen Eier abgesetzt, was niedrig geschätzt, einem Werte von 1 200 000 Mk. entspricht.[1]) Bedenkt man, daß die Mehrzahl der Mitglieder Heuerleute sind, Kleinpächter und Arbeiter zugleich, so sieht man, daß den Eierverkaufsvereinigungen auch eine soziale Bedeutung zukommt, indem sie durch diese großen Summen einer Klasse kleiner Leute zu Hilfe kommen und ihnen ermöglichen, ihre Selbständigkeit zu behalten. Im Anfang waren die Genossenschaftseier daran zu erkennen, daß sie alle gestempelt waren, es wurden aber später von den Händlern auch andere Eier mit einem beliebigen Stempel versehen, so daß die Landwirtschaftskammer für die Provinz Hannover sich genötigt sah, ein geschütztes Warenzeichen für Genossenschaftseier einzuführen. Dieses stellt ein springendes Pferd dar und steht zur freien Benutzung jedem Vereine, der sich gewissen Bedingungen unterwirft. Etwa 53 Vereinigungen machen davon Gebrauch.[2]) Die Preiserhöhung, die durch den gemeinsamen Eierverkauf hervorgerufen ist, schwankt zwischen 20 und 30 %. Es ist zu bemerken, daß diese Preiserhöhung auch den Produzenten, die keinem Vereine angehören, zugute kommt, weil auch die Aufkäufer höhere Preise zu zahlen gezwungen waren. Die Unkosten der Vereinigungen belaufen sich auf 0,3—0,5 Pfg. für ein Ei.

Die Erfahrungen, die man in der Provinz Hannover gemacht hat, zeigen, daß dort, wo eine Genossenschaftsmolkerei besteht,

[1]) Deutsche landw. Genossenschaftspresse 1905 S. 11.

[2]) Hannoversche Land- und Forstwirtsch. Zeitung 1905 S. 1121.

diese mit sehr gutem Erfolge den gemeinsamen Eierverkauf übernehmen kann, wo aber eine solche nicht existiert, können freie Vereinigungen oder eingetragene Genossenschaften gebildet werden. Die Genossenschaften haben den Vorzug der Rechtsfähigkeit, sie können das Geld für die gelieferte Ware leichter einbringen und auch günstigere Lieferungsverträge schließen, weil sie bei Ausfall der Lieferung Schadenersatz leisten.

Bei allen Vereinigungen ist der Betrieb folgendermaßen eingerichtet: Die Kosten für die Anschaffung von Kisten, Büchern, etwaigen Eierlampen werden durch ein Eintrittsgeld in der Höhe von 2 bis 3 Mk. für jeden Teilnehmer gedeckt. Die Verwaltung der Sammelstelle übernimmt ein Mitglied des Vereins, sehr oft ein Ladeninhaber. Die Eier werden dorthin von den Mitgliedern gebracht, oder bei größeren Vereinigungen oder solchen, die mit Genossenschaftsmolkereien in Verbindung stehen, durch den Angestellten des Vereins mit dem Wagen abgeholt. Die Zahl der gelieferten Eier wird in einem Kontobuch, welches jedes Mitglied bekommt, eingetragen. Die Mitglieder sind verpflichtet, sämtliche in ihrer Wirtschaft erzeugten Eier, die nicht im eigenen Haushalte oder für Brutzwecke verwendet werden, an die Sammelstelle abzuliefern. Die Eier müssen täglich aus dem Neste genommen werden und die gelieferten Eier nicht über 3 bis 4 Tage im Sommer und 6 bis 8 Tage im Winter alt sein. Jedes Ei wird mit einem Stempel, der das Zeichen des Vereins und die Nummer des Mitglieds trägt, versehen. Die Eier werden auf der Sammelstelle mittelst Eierlampe untersucht, um dann sortiert und verpackt zu werden. Der Inhaber der Sammelstelle bekommt für seine Arbeit und seinen Zeitverlust eine Entschädigung, welche bei den meisten Vereinen zwischen 1 Mk. und 2 Mk. 50 Pfg. für 1000 Eier schwankt. Die Abrechnung findet monatlich statt und die Bezahlung erfolgt nach Stückzahl oder neuerdings auch nach Gewicht. Bei Stückbezahlung werden die Eier, die weniger als 45 gr. (bei einigen Vereinen 50 gr.) wiegen, nicht angenommen. Über die Hälfte der Vereinigungen (60 von 110) bezahlen den Mitgliedern die Eier jetzt nach Gewicht, verkaufen sie jedoch nach Stückzahl, weil nur zwei große Hamburger Firmen auf die Abnahme nach Gewicht eingegangen sind. Die Abnahme nach Gewicht hat den großen Vorteil, daß sie leichter zu erledigen ist, und die Meinungsdifferenzen und Streitigkeiten über das Mindestgewicht oder Mindestmaß vermieden werden. Um höhere Einnahmen zu haben, werden die Mitglieder angewiesen, Hühner zu züchten, die immer größere Eier legen. Es ist zu hoffen, daß die Annahme nach Gewicht immer allgemeiner wird und daß auch der Verkauf auf diese Weise geschieht.[1]) Für jedes alte oder schlechte Ei werden dem betr. Mitgliede 10 Pfg. (bei einigen Vereinen 15 Pfg.) in Abzug gebracht. Wird nachgewiesen, daß ein Mitglied Eier direkt an Händler oder andere Abnehmer verkauft hat, so bezahlt es eine Konventionalstrafe von 3—5 Mk.

Die Provinz Hannover steht an der Spitze der Bewegung; in Baden gab es im Jahre 1902 nur 11 Eierabsatzvereinigungen mit einem Umsatz von 371 000 Eiern, die direkt an Konsumenten, gewöhnlich Hoteliers, abgesetzt wurden,[2]) in Oldenburg 16 Genossenschaften mit 1 Mill. Eier Jahresumsatz. In Schleswig-Holstein ist eine rege Tätigkeit zu bemerken, und 22 Vereine gebrauchen das von der Landwirtschaftskammer eingetragene Warenzeichen für Genossenschaftseier.[3]) Und es darf auch nicht wundernehmen, wenn die Eierverkaufsgenossenschaften sich nicht überall einführten; denn dort, wo die Produzenten direkt an Konsumenten absetzen, sind diese Genossenschaften gar nicht nötig. So haben in der Provinz Sachsen z. B. von sämtlichen Kreisvertretungen nur 7 für solche Genossenschaften gestimmt.[4]) Besonders dort, wo andere Genossenschaften noch nicht bestehen, sind die Aussichten für das gesunde Gedeihen einer zu gründenden Eierverkaufsgenossenschaft sehr gering. Es gehört dazu ein sehr entwickelter Genossenschaftssinn, und der Gedanke des Zusammenhaltens muß unter den Landwirten schon eingebürgert sein. Es hängt ja alles hier von der Gewissenhaftigkeit der Genossen

---

[1]) Deutsche landw. Genossenschaftspresse 1905 Nr. 8; Zollikofer, Die Eierverkaufsgenossenschaften und der Eierverkauf nach Gewicht.

[2]) Deutsche landw. Genossenschaftspresse 1903 S. 175.

[3]) Berliner Markthallen-Zeitung 1904 Nr. 43.

[4]) A. Beeck, Ein Ausblick in die Zukunft unserer Wirtschaftsgeflügelzucht. Deutsche landw. Presse Nr. 18, 2. 3. 1904, S. 149.

und, wenn diese nicht fähig sind auf persönliche Vorzüge, die sie durch Lieferung alter Eier sich verschaffen könnten, zu verzichten, ist es ratsam, die Gründung einer Eierverkaufsvereinigung zu unterlassen und den genossenschaftlichen Sinn durch andere Formen der Genossenschaften mit Kreditvereinen anfangend, zu fördern. In dieser Beziehung ist die Provinz Hannover sehr günstig gestellt. Im Dorfe Bawinkel z. B. verwertet man die Milch und das Vieh genossenschaftlich, mahlt auf einer Genossenschaftsmühle, verkauft die Eier genossenschaftlich und hat jetzt eine Genossenschafts-Geflügelanstalt gegründet, die Bruteier liefern und die Mast des Geflügels übernehmen soll.[1])

b) Hühnermast.

Bei der Hühnermast kommen drei, ja man kann sagen vier Produkte in Betracht:[2])

a) Das Mastküken — im Handel Hamburger Küken genannt — welches meist in Hannover, Schleswig-Holstein und Braunschweig im Winter aufgezogen wird. Die Küken werden im Käfig am Kachelofen gehalten und von früh an gemästet, so daß sie schon mit 5 Wochen ein Gewicht von $^{1}/_{2}$ kg. erreichen und (auf dem Markt) mit 80 Pfg. bis 1 Mk. abgesetzt werden können.

Die Kleinbauern und Heuerlinge verschaffen sich mit dieser Mast, die sehr wenig Anlagekapital und wenig Raum in Anspruch nimmt, sehr schöne Einnahmen.

b) Das junge Masthuhn — poulets — das erst mit 10 Wochen auf den Markt gebracht und bis $1^{1}/_{2}$ kg. schwer ist. Der Preis schwankt um 2 Mk. pro kg.

c) Das aufgewachsene Masthuhn — poularde — 6—8 Monate alt, über $1^{3}/_{4}$ kg. schwer, sehr oft ein Gewicht von 3 kg. erreichend. Die feingemästeten Tiere werden leicht für 2,50 Mk. pro kg. Schlachtgewicht verkauft.

d) Endlich das 3—4 Jahre alte Huhn, welches nicht mehr zur Eierproduktion tauglich und nur noch als Suppenhuhn zu

---

[1]) Hann. Land- u. Forstwirtsch. Zeitung 1905 S. 989.

[2]) Hermann Schneider, Brut, Aufzucht und Mast von feinstem Tafelgeflügel, Leipzig 1905 S. 120.

verwerten ist. Vielfach wird der Fehler gemacht, daß man zu alte Legehühner hält. Wenn eine Henne das Alter von 3 Jahren überschritten hat, verwertet sie nicht mehr gut das Futter, sie legt zu wenig Eier.

Die höchsten Preise können nur dann erzielt werden, wenn das Fleisch zart ist und feinen Geschmack hat. Um ein solches zu erzielen, bedarf es aber einer sorgfältigen Ernährung und außerdem ist ein lohnender und sicherer Absatz nur bei Lieferung größerer Quantitäten von durchaus gleichmäßiger Qualität möglich.

Das Schlachten und Dressieren der Hühner muß auch in entsprechender und reinlicher Weise geschehen, um der Ware ein sauberes und appetitliches Aussehen zu geben. Alle diese Voraussetzungen kann aber nur der Großbetrieb erfüllen. Weil die Aufzucht im Großen der Seuchengefahr wegen nicht angebracht erscheint, so müssen die Mästereien die Rohware, das 3 bis 4 Monate alte Küken kaufen, wie es in Belgien geschieht.

III. Gänsehaltung.

a) Fleischproduktion. — Mästereien.

Die Gänse kommen als Eierproduzenten kaum in Betracht. Sie werden fast nur zur Fleischproduktion gehalten. Der Umfang der Gänsezucht ist, wie wir sahen, in den letzten Jahrzehnten zurückgegangen, die kleinen Bauern und Landarbeiter kaufen selbst importierte Gänse, die sie auf den Stoppelfeldern halten und nachher mästen, aber nur für den eigenen Hausbedarf. Den Bedarf der Städte an fetten Gänsen decken die großangelegten Mästereien. Sehr große Mästereien gibt es im Oderbruch: in Wriezen a. O., Neu-Trebbin, Letschin, Werbig usw. Hier werden jährlich über 300 000 Gänse gemästet, es gibt Mästereien, die auf einmal 10—12 Tausend Gänse mästen, und zwei Mästereien in Wriezen a. O. bezahlen in der Saison 27 000 Mk. an Löhnen.[1]) Die Anlagekosten sind allerdings nicht groß, die Gänse werden in Buchten, unter freiem Himmel, gehalten. Das Lattenstaket ist so gehalten, daß die Gänse das Futter, welches außerhalb der

---

[1]) Berliner Markthallen-Zeitung 1901 Nr. 51.

Buchten in großen Trögen aufgestellt ist, erreichen können. Die Buchten enthalten je 100—150 Gänse. Als Futter erhalten sie Grünmalz und die Mast dauert 3—4 Wochen; nachts sind Laternen angebracht, so daß die Gänse jederzeit fressen können. Man rechnet 30—40 Pfd. Gerste pro Kopf. Der Reingewinn soll 50 Pfg. pro Stück betragen, so daß eine Anstalt mit 10000 Gänsen in vier Wochen 5000 Mk. Reingewinn einbringt. Für eine fertige Gans erhalten die Mästanstalten 55—60 Pfg. für 1 Pfund. Die Gänse gehen entweder direkt zum Verbrauch für das Publikum an Händler oder in die Hände der Fabrikanten, die Gänsebrüste, Gänseschinken usw. daraus bereiten. Diese Gänsemästereien sind ein Segen für die arme Bevölkerung der Umgebung, indem sie eine ganze Reihe von Arbeitern zur Fütterung und Pflege beschäftigen. Geübte Frauen erhalten für das Rupfen einer Gans 10 Pfg. und verdienen damit bis 3 Mk. täglich.[1])

Gänseleberpasteten-Fabrikation.

Die Gänse liefern auch die Rohware für eine in der Umgebung von Straßburg hochentwickelte Industrie, die Gänseleberpasteten-Fabrikation. Schon die alten Römer wandten in ihren Anserarien eine Mästungsmethode an, die von Marcus Apicius erfunden war, um eine möglichst große und schmackhafte Gänseleber zu erzielen. In Deutschland wurde trotz der großen Verbreitung und Beliebtheit der Gans die Gänseleber im Mittelalter nicht genug geschätzt und erst im 16. Jahrhundert wird sie in den Kochbüchern besonders erwähnt.[2]) Im Jahre 1760 ließ sich der Statthalter von Elsaß Maréchal des Contades aus der Normandie einen Oberkoch namens Close kommen. Dieser kam auf die Idee, Gänseleber mit Trüffeln aus Perigod zu spicken und daraus Pasteten zu bereiten. Diese Pasteten erwarben sich große Beliebtheit, und nach der Revolution etablierte sich Close, in Straßburg und verkaufte in der rue Mesange seine Gänseleberpasteten. Aus diesen bescheidenen Anfängen entwickelte sich die Straßburger Gänseleberpasteten-

---

[1]) K. Wesemann, Die Gänsemast; Deutsche landw. Presse 1908 S. 616, 810.

[2]) Moriz Heyne a. a. O. S. 298.

Fabrikation zu ihrem heutigen blühenden Stande. Jetzt gibt es in Straßburg 17 und im benachbarten Schiltigheim 2 Fabriken, die jährlich für über 2 Millionen Mark Pasteten produzieren. Die $^{3}/_{4}$ Jahre alten Gänse werden auf den Lande von kleinen Landwirten, die den Gänsehandel als Nebenerwerb treiben, aufgekauft und zwar entweder auf eigene Rechnung oder im Auftrage einer Mästerei. Diese befinden sich in Bischheim, Gingsheim, Wingersheim, Schaffhausen, Säßolsheim usw. und mästen Tausende von Gänsen auf einmal. Die Tiere werden in enge und dunkle Stallungen, meist unterirdisch, gesetzt und mit Nudeln aus Buchweizen und Mais alle 2 Stunden gestopft. Die Mast dauert etwa 4 Wochen und nach dem Schlachten wird die abnorm gewachsene Leber gereinigt, mit Milch abgewaschen, und gewogen — sie erlangt ein Gewicht bis zu 3 Pfund —, mit Trüffeln gespickt — ein halbes Pfund Trüffeln auf ein Pfund Leber — im Kühlraume auf Marmortischen gebettet um später in Terrinen mit Fett gekocht zu werden. Die Industrie beschäftigt im Nebenerwerb eine große Anzahl Menschen der Umgebung Straßburgs, die im Gänsehandel bei der Fütterung und Pflege in den Mästereien und dann in den Pastetenfabriken ihr Brot verdienen.[1])

b) Gänsefedern. Bettfedern.

Neben dem Fleisch werden auch die Federn der Gänse ausgedehnt verwendet. Als Bettfedern waren sie in Deutschland von jeher sehr geschätzt und die Römer haben erst von den Germanen um die Wende des 1. Jahrhundert gelernt, sich der Federn als Stopfmaterial für Kissen und Decken zu bedienen. Plinius klagt darüber: „Wir sind jetzt zu dem Grade der Weichheit gelangt, daß sogar Männer ohne eine solche Vorrichtung ihr Haupt nicht niederlegen können.[2])“ Auch bis auf den heutigen Tag ist bei den Deutschen der Gebrauch der Bettfedern ausgedehnter als bei allen anderen Naturvölkern, ein Grund dafür ist auch wahrscheinlich das Klima.

---

[1]) Dr. Geissenberger, Das Hausier-Gewerbe in Elsaß-Lothringen im Bd. 80 der Schriften des Vereins für Sozialpolitik S. 34 und Geflügelbörse Nr. 3 vom 10. 1. 1896.

[2]) Plinius 10, 15 zit. b. V. Hehn a. a. O. S. 366.

Schreibfedern.

Eine andere früher sehr verbreitete Verwendung der Gänsefedern zum Schreiben hat heute ganz aufgehört. Allgemein angewendet wurden die Gänsefedern über tausend Jahre lang, von der Mitte des 8. Jahrhunderts bis in die Mitte des 19. Jahrhunderts. Während dieses langen Zeitraumes waren sie das ausschließliche Mittel, den Menschengedanken dem Papiere anzuvertrauen und bis zur Entdeckung des Druckes auch der einzige Verbreiter der Schöpfungen des menschlichen Geistes. Mit ihrer Hilfe haben die großen Denker und Dichter: Goethe und Schiller, Dante und Shakespeare, Kant und Spinoza die Werke niedergeschrieben, die heute das höchste Gut der der Menschheit bilden. So scheinen die zahlreichen Schriften des 16. und 17. Jahrhunderts, in welchen die Schreibfedern gepriesen wurden, nicht unangebracht. Der gelehrte Michael Fendius (16. Jahrh.) sang das Lob der Gänsefeder in nicht weniger als 326 lateinischen Distichen.[1])

Es ist wohl möglich, daß man die Vogelfedern zu Schreibzwecken an Stelle der geläufigen Griffel und Schreibröhren schon früher angewendet hat, die ältesten schriftlichen Erwähnungen finden wir aber zuallererst zur Zeit des Ostgotenkönigs Theodorich (Anfang des 6. Jahrhunderts) bei dem Anonymus Valesii. Etwa nach einem Jahrhundert finden wir in der ersten Hälfte des 7. Jahrhunderts bei St. Aldhelmus und bei Isidor von Sevilla die Feder als Schreibzeug erwähnt.[2]) Lezterer sagt: „Instrumenta sunt scribindi calamus et penna: ex his enim verba paginis infiguntur; sed calamus arboris est, penna avis, cujus acumen dividitur in duo, in toto corpore unitate servata".[3]) Das Rohr wurde auch später bis zu Anfang des 16. Jahrhunderts gebraucht, aber das Hauptschreibzeug war die Feder und zwar die Gänsefeder. Die von selbst ausgefallenen oder im März und September ausgerupften Kiele wurden von den „Posenschrappern" angekauft,

[1]) W. Marshall, Die Gans, Aufsatz in Velhagen u. Klasing Monatshefte Nov. 1898, S. 320.

[2]) Ed. Hahn a. a. O. S. 278 Note 4.

[3]) Zit. bei M. Dureau de la Malle Economie politique des Romains Bd. 2 Paris 1840 S. 197.

sortiert und geschabt und durch heißen Sand oder Asche gezogen um sie weich und fettfrei zu machen. Zn 25, 50 und 100 Stück bundweise in den Handel gebracht, wurden sie nach ihrer Güte und Härte bezahlt. Die aus dem rechten Flügel wurden besser bezahlt, weil sie weicher und durchsichtiger sind und weil sie besser in der Hand liegen.[1]) Der Handel mit Schreibfedern war rehr rege und 1824 bis 1834 wurden jährlich 21½ Millionen Stück Schreibfedern von den vereinigten Staaten Amerikas nach Europa gebracht.[2]) Die Kiele wurden früher ganz verwendet, erst 1809 konstruierte Joseph Bramah eine Maschine, die er auch patentieren ließ, die den Kiel spaltete und dann durch Querschneiden aus einem Kiele mehrere Federn zu erzielen ermöglichte, die dann mit Hilfe eines Federhalters zu benutzen waren.

Metallschreibfedern wurden vielleicht schon bei den alten Römern angefertigt, und im 16. Jahrhundert wurden in Nürnberg und in der Gegend von Reichenhall solche, wohl mehr als Kuriositäten wie als brauchbare Schreibzeuge, hergestellt. Im Jahre 1803 verkaufte ein gewisser Wise in London Metallfedern zu 5 Sh. das Stück, die aber nicht viel gekauft wurden, weil sie hart und steif waren. Eine gefährliche Konkurrenz erwuchs aber der Gänsefeder durch die Entdeckungen von James Perry, patentiert 1830 und Josef Gilott, patentiert 1831, die von den Fabrikanten Harrison und Josiah Mason in Birmingham ausgenutzt wurden. Diese Entdeckungen ermöglichten nämlich die Fabrikation von Stahlfedern im großen. Der schlechten Qualität jedoch ist es wahrcheinlich zuzuschreiben, daß noch im Jahre 1839, als die Versammlung der British Association in Birmingham stattfand, dort die Stahlfeder kaum bekannt war.[3])

10 Jahre später war aber die Industrie von Stahlfedern eine der bedeutensten in dem genannten Ort, und trotz der großen Entwicklung der deutschen und französichen Stahlfeder-

---

[1]) J. M. Bechstein, Gemeinnützige Naturgeschichte Deutschlands Bd. 2, Leipzig 1791 S. 615 f.

[2]) K. W. Volz, Beiträge zur Kulturgeschichte, Leipzig, 1852, S. 226.

[3]) James Paton, Artikel Pen in Encyclopaedia Britannica 9. Ed. London 1879.

industrie ist bis auf den heutigen Tag Birmingham der Hauptpunkt dieses Industriezweiges geblieben Daß die Gänsefeder nur sehr langsam von der Bildfläche verschwand, beweist die Zahl der in den englischen Staatskanzleien verwendeten Federn. Es wurden im Jahre 1868: 6 000 Groß Gänsefedern im Werte von 1816 Sterl. und 14 942 Groß Stahlfedern im Werte von 1 900 Sterl. verbraucht. Im Jahre 1890 wurden noch 4 000 Groß Gänsefedern verwendet. Die Zahl der Stahlfedern war aber auf 38 000 Groß gestiegen.[1])

B. Handel mit Geflügelprodukten.

I. Welthandel mit Geflügelprodukten.

Die Produkte der Geflügelzucht und insbesondere die Eier sind Waren, die nur zu bestimmten Jahreszeiten geliefert werden und deren Wert durch Aufbewahren erheblich vermindert, ja bei längerer Dauer sogar vernichtet wird. Die Eier und das lebende Geflügel vertragen den Transport auf weiten Strecken nur, wenn dies in sehr kurzer Zeit geschehen kann, dabei verlangen die Eier außerdem noch sehr viel Vorsicht beim Ein-, Um- und Ausladen. Erst in der zweiten Hälfte des 19. Jahrhunderts kann von einem Welthandel mit Geflügelprodukten die Rede sein. Dieser wurde einmal durch die Entwicklung der Eisenbahnen und Schnelldampfer und dann durch die wachsenden Ansprüche des verfeinerten Lebensunterhaltes der Kulturvölker hervorgerufen.

Die Geflügelprodukte einführenden Länder sind Deutschland und England, Ausfuhrländer dagegen Rußland und Österreich-Ungarn, die zusammen über die Hälfte der Gesamt-Geflügelproduktion ausführen; dann kommen Italien, Dänemark und Frankreich, die $^1/_4$ und Belgien, Kanada, Holland sowie die Balkanstaaten, die das andere Viertel liefern.

1. Großbritanien. — Die Einfuhr Englands ist seit 1860 von 280 Mill. Stück = 14,3 Mill. Mk. auf 2393 Mill. Stück =

---

[1]) Chamber's Encyclopaedia, London 1895 Art. Quills.

161,5 Mill. Mk. im Jahre 1904[1]) gestiegen und beträgt etwa das Doppelte der Landesproduktion, die von Sachverständigen auf 1241,5 Mill. Stück geschätzt wird.[2]) Folgende Tabelle gibt die Einfuhr an ausländischen Eiern pro Kopf der Bevölkerung von 1853—1903 an.

Englands Eiereinfuhr.[3])

Jahr	Stück pro Kopf der Bevölkerung
1853	4
1859	5
1861—1865	9
1866—1870	14
1871—1875	19
1876—1880	22
1881—1885	26
1886—1890	31
1891—1895	36
1896—1900	44
1901	49
1902	54
1903	56
1904	56

Die Eiereinfuhr pro Kopf der Bevölkerung für Deutschland vom Jahre 1902 wurde in England schon Anfang der 1890er Jahre überschritten. Dabei ist die Einfuhr pro Kopf der Bevölkerung viel schneller gewachsen als die Einfuhr von Butter und Margarine, die zwischen 1861—65 und 1904 von 4 auf $13^1/_2$ Pfund pro Kopf der Bevölkerung, und schneller als die Speckeinfuhr, die in derselben Periode von $1^1/_8$ auf 5 Pfund stieg. Mit der Eiereinfuhr hielt die Einfuhr von Kartoffeln Schritt, die in der Zeit 1861/65 bis 1904 von 3 auf 21 Pfund pro Kopf gestiegen ist. Beide wurden überflügelt von der Fleischeinfuhr,

---

[1]) Agricultural Statistics 1904. Report on the agric. returns, London 1905, S. 164.

[2]) Bericht von Dr. B. Skalweit, Landwirtschaft. Sachverständ. in London, Mitt. d. Deutsch. landw. Gesellschaft 1905 Beilage, Nr. 2 S. 17.

[3]) Agric. Stat. 1904. Rep. on the agric. ret., London 1905, S. 209.

die in den Jahren 1861 bis 1865 nur $^{1}/_{10}$ Pfd. pro Kopf jährlich betrug und in der Periode 1900—1904 jährlich $22^{1}/_{2}$ Pfund pro Kopf erreichte. Zu erwähnen ist noch, daß der Zoll auf Eier, der bis zum 8. August 1854 ein Stückzoll (4 d per 120 Stück) und von da ab ein Raumzoll war (8 d per 1 Kubikfuß), am 7. März 1860 ganz abgeschafft wurde.[1])

Der Konsum von Aus- unß Inlandseiern, der im Jahre 1859 80 Stück pro Kopf der Bevölkerung betrug, stieg im Jahre 1899 auf 102[2]) und wurde 1902 auf 115 Stück pro Kopf geschätzt.[3]) Die Einfuhr benachteiligte jedoch die inländische Produktion in keiner Weise, diese nahm vielmehr beständig zu und auch die Preise, die sie erzielte, sind gestiegen.[4])

Die meisten Eier (1903 35 %) bezieht England aus Rußland, 18 % entfallen auf Dänemark, 16 % auf Deutschland, 12 % auf Belgien, der Rest auf Frankreich, Kanada usw. Ziehen wir aber die Einfuhrwerte in Betracht, so verschiebt sich das Bild zuungunsten Rußlands. Es wurden nämlich für ein Großhundert = 120 Eier bezahlt:

Nach	Rußland	5,50	Mk.
„	Belgien	6,34	„
„	Frankreich	8,40	„
„	Deutschland	6,45	„
„	Dänemark	8,55	„

So entfallen vom Werte der Einfuhr nur 28 % auf Rußland, 25 % auf Dänemark, 15 % auf Deutschland, 11 % auf Belgien, 10 % auf Frankreich. Was Deutschland betrifft, so muß man bemerken, daß die englischen Zahlen[5]) zwanzigmal so groß sind als die ganze deutsche Eierausfuhr. Die Ursache liegt darin, die englische Statistik als deutsche Waren alle diejenigen betrachtet, die in deutschen Häfen eingeschifft werden, und so

---

[1]) Wholesale and retail Prices, London, S. 155.

[2]) Berliner Markthallen-Zeitung 1900 Nr. 75.

[3]) Berliner Markthallen-Zeitung 1903 Nr. 88.

[4]) Hermann Levy, Die Lage der engl. Landwirtsch. in der Gegenw. in Conrads Jahrb. f. Nat. u. Statist. 3 F. B. 26 S. 730.

[5]) Annual statement of the trade of the United Kingdom 1903 B. 1 London 1904.

figurieren auch die italienischen, österreichischen usw. Eier, die in Hamburg und Bremen verschifft werden, als deutsche Waren in der englischen Statistik. Ebenso ist die große Menge belgischer Eier bloße Durchfuhrware und wird nur in Antwerpen verschifft.

Der Wert der Geflügeleinfuhr Englands stieg von 1886 bis 1892 von 7,04 Mill. Mk. auf 11,67 Mill. Mk. Im Jahre 1903 betrug sie 24,05 Mill. Mk. und wurde unter Rußland mit 27%, Belgien 23%, Frankreich 21%, die Vereinigten Staaten 19% verteilt.

An Bettfedern wurden im Jahre 1900 für 2,32 Mill. Mk. in England eingeführt und zwar aus Frankreich 25%, Deutschland 18% und China 16%.

So erreicht Englands Einfuhr an Geflügelprodukten vom Jahre 1903 mit 160 Mill. Mk. nicht die Mehreinfuhr Deutschlands mit 173,5 Mill. Mk. und repräsentiert nur 1,3%, der Gesamteinfuhr, während die deutsche 2,9% der deutschen Gesamteinfuhr ausmacht. Die Eier bilden 83% der englischen Einfuhr an Geflügelprodukten, während sie in Deutschland nur 60% ausmachen, was in erster Linie durch die ausgedehnte vorzügliche Produktion englischen Tafelgeflügels und vielleicht auch durch die geographische Lage Englands, die eine Masseneinfuhr von lebendem Geflügel erschwert, zu erklären ist.

2. Rußland.

Von den Ländern, die Geflügelprodukte ausführen, ist an erster Stelle Rußland zu nennen. Nachstehende Tabelle gibt die Mengen und Werte der aus Rußland in den Jahren 1859—1903 ausgeführten Eier an. Wie daraus zu ersehen ist, sind die ausgeführten Eiermengen 1903 7333 mal so groß wie 1859, der Wert der Ausfuhr dagegen 12750 mal so groß wie 1859. Von den im Jahre 1903 ausgeführten 2 768 Mill. Eiern im Werte von 51 Mill. Rubeln wurden versandt:

1044	Mill. St.	= 19791000	Rbl.	(39%)	nach	Deutschland,
811	„ „	= 16375000	„	(32%)	„	Großbritanien,
596	„ „	= 9588000	„	(19%)	„	Öster.-Ungarn.

Russische Eierausfuhr.[1])

	Mengen		Werte in 1000 Rbl.
1859	378000 Stück		4
1865	1500000	„	11
1870	11 Mill.	„	110
1871—1875	30 „	„	327
1876—1880	106 „	»	1191
1881—1885	154 „	„	2189
1886—1890	578 „	„	9474
1891—1895	946 „	„	14724
1896—1900	1698 „	„	27713
1901	1997 „	„	35392
1902	2229 „	„	38615
1903	2685 „	„	51088
1904	2752 „	„	54329

Der Rest (10%) ging nach Frankreich (nach französischen Statistiken für 5492600 Fr.), Dänemark und Holland. In den Jahren 1898—1902 betrug die Eierausfuhr 4,5% des Wertes der Gesamtausfuhr Rußlands und nahm die fünfte Stelle unter den Ausfuhrpositionen nach Getreide, Flachs, Holz und Petroleum ein.

Nach Schätzungen von Abolin wurden 1898: 12 Milliarden Stück Eier produziert, davon wurden nur 1¾ Milliarden ausgeführt und 10¼ Milliarden im Lande verbraucht.

In den letzten 20 Jahren sind die Preise riesig gestiegen. So waren im Gouvernement Tambow 1880 10 Eier für 3—5 Kopeken zu haben, 1900 kosteten sie schon 10—15 Kopeken. Das gab den Bauern Veranlassung viel mehr Geflügel zu halten als früher. Die Eier wurden von Kleinhändlern aufgekauft und von diesen an die Großexporteure oder Vertreter der deutschen Importeure verkauft. Die Saison dauert 2 Monate im Frühjahr und 2 bis 3 Monate im Herbst. Die Eier werden nach Eisenbahnknotenpunkten befördert, hier sortiert, mittelst Eierlampen geprüft und in Kisten zu 24 Schock in Holzwolle oder Stroh verpackt. Die

---

[1]) Aus Commerce extérieur de la Russie pour la Frontière d'Europe, St. Petersbourg, zusammengestellt.

Hauptstationen die in Betracht kommen, sind: Szepetowka, Uman, Olszaniza, Wapniarka, Pogrebiszoze, für Sendungen nach den Ostseehäfen kommen die Stationen Romny, Sumy, Kupiansk in Kleinrussland und die Stadt Bjelgorod im Gouvernement Kursk in Betracht. Die Eier aus dem letzten Gouvernement gelten als die besten neben denjenigen aus den Gouvernements Poltawa und Karchow.[1]) Auch Kasan hat einen regen Eierhandel, 1902 wurden von hier 1230 Waggons Eier versandt. Die Regierung sucht die Eierausfuhr zu heben; 1900 bewilligte sie für 5 Jahre Zollfreiheit für die eingeführten leeren Eierkisten. Die russischen Eisenbahndirektionen suchen durch Tarifermäßigung und allerlei Abfertigungserleichterungen den Eiertransport zu steigern und die Erfolge sind auch sehr befriedigend. Es wurden nach amtlichen Angaben 1893 nur 3 989 000 Pud (zu 16,379 kg) Eier auf dem russischen Eisenbahnnetze befördert, 1902 dagegen 10 465 000 Pud. Die Grenzstationen, die für die Ausfuhr in Betracht kommen, sind Alexandrowo für Deutschland, Woloczisk und Nowosielitza für Österreich. 45 % der ausgeführten russischen Eier werden in den Ostseehäfen verschifft. 1902 wurden per Eisenbahn befördert nach:

Novy Port	2 199 000	Pud
Riga	3 164 000	„
Libau	326 000	„
Reval	8 000	„

Von den verschifften Eiern gingen 54 % nach Großbritannien, 30 % nach Deutschland, 10 % nach Belgien, der Rest nach Dänemark, Holland usw. In England sind es die Häfen von London, Leith, Hartlepool, Hull die in Betracht kommen. In Deutschland Hamburg (besonders nach Eröffnung des Kaiser Wilhelm-Kanals) und Lübeck.

Rußlands Ausfuhr an Geflügel und Wild (das Wild wird wohl gegenüber dem Geflügel keine so große Bedeutung haben) betrug:

---

[1]) Bericht des Öst.-Ung. Konsul in Kiew im Berichte der k. u. k. Öst.-Ung. Konsularämter über das Jahr 1902 Bd. 2 A. XIII 12 S. 11.

1900:	8 657 000 Rubel	d. i. 28 %	der Eierausfuhr
1901:	9 547 000 „	d. i. 27 %	„ „
1902:	9 017 000 „	d. i. 23 %	„ „

Der größte Teil (95 %) des Geflügels wird lebendig ausgeführt:

		1901	1902
Lebendes Geflügel[1])	Stück	8 152 000	8 233 000
Geschlachtetes „	„	475 000	460 000

Das geschlachtete Geflügel stammt meistens aus den Gouvernements Tschernigow, Kiew und Wolhynien und wird im Herbste und Winter von Kleinhändlern, die für ein Huhn 0,30—0,65 Mk., für eine Ente 0,90—1,50 Mk. bezahlen, aufgekauft und nach Zentralpunkten befördert. Hier wird es sortiert und verpackt. In einen Waggon kommen 4000 Paar geschlachtete Hühner, 2500 Paar Enten, 1500 Paar Gänse. Die größten Mengen werden über die Ostseehäfen nach England geschickt (nach englischer Statistik 1903 für 6,48 Mill. Mk.) kleinere Mengen nach Deutschland (1903 nach deutscher Statistik 2,433 Mill. Mk.).

Für lebendes Geflügel ist Deutschland der einzige Abnehmer. Die Ausfuhr nach Österreich-Ungarn sank (nach österreichischer Statistik) von

3 164 000	Kronen	1900	auf
3 078 000	„	1901	„
2 057 000	„	1902	„
504 000	„	1903	„

Deutschland führte im Jahre 1903 aus Rußland für 27 343 000 Mk. lebendes Geflügel ein, und zwar 6 613 870 Gänse im Werte von 22 487 000 Mk., Hühner für 2 665 000 Mk. und sonstiges Federvieh für 2 191 000 Mk. Die Gänse stammen alle aus Polen und werden in Herden über die Grenze getrieben, um an der ersten preußischen Eisenbahnstation verladen zu werden. Die polnischen Bauern sind vom Kleinhändler, der zugleich Geld- und Warenwucherer ist, abhängig und für Jahre hinaus verpflichtet, nur diesem ihre Gänse abzugeben. Die Kleinhändler sind ihrerseits ganz in der Macht der kapital-

[1]) Bericht des k. k. Konsul in Moskau a. a. O. 1902 Bd. 2 A. XIII, 15 S. 23.

kräftigen Großhändler, die ihnen Kredit gewähren. So übt eine kleine Zahl von Großhändlern ein wirkliches Monopol im polnischen Gänsehandel aus.

Federn führte Rußland aus (nach deutscher und österreichischer Statistik):

1903: nach Deutschland für ca. 1,6 Mill. Rubel
„ Öster.-Ung. „ „ 1,3 „ „

Diese würden wohl auch die Hauptabnehmer der russischen Bettfedern sein, so daß man die russische Bettfederausfuhr mit 3 Mill. Rubel einsetzen kann.

Die Ausfuhr Russlands an Geflügelprodukten betrug 1903: 51 Mill. Rubel an Eiern, 10 Mill. Rubel an Geflügel, 3 Mill. Rubel an Federn, im ganzen 64 Mill. Rubel gleich 138 $^1/_4$ Mill. Mk., d. i. beinahe 8 % der russischen Ausfuhr.

3. Österreich-Ungarn.

Die zweite Stelle im internationalen Handel mit Geflügelprodukten kommt Österreich-Ungarn zu. Hier liegen aber die Verhältnisse anders wie bei Rußland. Rußland ist nur Ausfuhrland, Österreich-Ungarn dagegen zugleich Aus- und Einfuhrland; das trifft besonders für Eier zu und diese Tatsache ist bedingt durch die Lage Österreich-Ungarns zwischen den produzierenden und den konsumierenden Ländern und auch durch die Tatsache, daß überall dort, wo die inländische Ware im Auslande besser verwertet werden kann, sie den Inlandsmarkt verläßt und minderwertiger ausländischer Ware Platz macht. Dies ist auch in Dänemark, Belgien, Frankreich zu beobachten. Folgende Tabelle gibt die Ein- und Ausfuhr sowie Mehrausfuhr Österreich-Ungarns von 1898 bis 1904 in Mengen und Werten an.

Österreich-Ungarns Außenhandel mit Eiern.[1])

	1898		1899	
	Mengen i. Dz.	Wert i. Kronen	Mengen i. Dz.	Wert i. Kronen.
Ausfuhr	957961	79996506	1040475	85217695
Einfuhr	404545	28306532	423090	27344250
Mehrausfuhr	553416	51689974	617385	57873445

[1]) Statist. d. auswärt. Handels des Österr.-Ungar. Zollgebiets im Jahre 1904 Bd. 1 2. Abt., Wien 1905, S. 6 u. 38.

	1900		1901	
Ausfuhr	1 087 875	99 262 877	1 058 855	96 540 275
Einfuhr	393 494	27 405 730	420 785	29 421 205
Mehrausfuhr	694 381	71 857 147	638 070	67 119 070
	1902		**1903**	
Ausfuhr	1 203 247	112 139 477	1 126 115	107 125 000
Einfuhr	495 141	34 718 210	523 778	37 241 000
Mehrausfuhr	708 106	77 326 267	602 337	69 884 000

	1904	
Ausfuhr	1 145 182	105 469 000
Einfuhr	477 456	34 427 000
Mehrausfuhr	667 726	71 042 000

Die Einfuhr stieg von 12,1 Mill. Gulden = 14. Stelle zwischen den Ausfuhrpositionen mit 1,7 % der Gesamtausfuhr im Jahre 1888 — auf 109,5 Mill. Kronen = 4. Stelle nach Holz, Vieh, Zucker mit 5,7 % der Gesamtausfuhr im Jahre 1902. In diesem letzten Jahre betrug die Viehausfuhr 151,7 Mill. Kronen, die Zuckerausfuhr 138,8 Mill. Kronen und die Getreideausfuhr nur 106,3 Mill. Kronen. 1903 war die Eierausfuhr auf 104,9 Mill. Kronen = 4,9 % der Gesamtausfuhr gesunken. 84 % der 1903 — siehe Tabelle — ausgeführten Mengen gingen nach Deutschland, 9 % nach England, 4 % nach der Schweiz, der Rest nach den Niederlanden, Belgien und Frankreich.

Österreich-Ungarns Eierausfuhr in dz.[1])

Bestimmungsland	1899	1900	1901	1902	1903
Deutschland	797 944	875 531	866 944	975 459	928 022
Großbritannien	82 014	98 264	97 754	123 586	97 987
Schweiz	34 531	36 530	41 484	45 686	50 214
Belgien	23 995	7 662	3 854	5 777	7 574
Niederlande	16 348	18 922	19 452	17 359	18 273
Frankreich	2 545	1 530	2 042	3 925	4 413
Italien	986	928	1 001	1 371	1 842
Rußland	178	8	708	1 028	927
	1 040 475	1 087 875	1 058 849	1 203 247	1 126 115

[1]) Statist. d. ausw. Handels usw. a. a. O.

Österreich-Ungarns Eiereinfuhr in dz.

Herkunftsland	1899	1900	1901	1902	1903
Rußland	379 050	355 189	373 262	446 301	483 053
Rumänien	32 692	14 704	19 262	22 130	16 890
Bulgarien	967	7 100	12 327	13 024	7 245
Türkei	3 138	5 306	4 630	4 284	6 013
Italien	3 927	5 165	4 300	4 180	4 040
Serbien	1 722	4 151	5 030	2 750	3 443
Deutschland	444	449	1 076	902	1 137
	423 090	393 494	420 785	495 141	523 778

92 % der in Österreich-Ungarn eingeführten Eier kamen aus Rußland, der Rest aus Rumänien, Bulgarien, der Türkei, Italien, Serbien und Deutschland. Die Hauptproduktionsländer der Monarchie sind: Ungarn, Galizien, Bukowina, Steiermark und Böhmen. Ungarn führte 1903 für 30 187 181 Kronen Eier aus, die Hälfte davon ging aber nach Österreich, 36 % nach Deutschland, 8 % nach England, 5 % nach der Schweiz.

Im Jahre 1903 betrug die Geflügelausfuhr 16 Mill. Kronen. Aus Ungarn wurden in diesem Jahre für 10 1/4 Mill. Kronen lebendes Federvieh und für 15 Mill. Kronen geschlachtetes Federvieh, davon die Hälfte resp. 2/3 nach Österreich ausgeführt. Aus Ungarn wurde lebendes Federvieh für 5,68 Mill. Kronen nach Deutschland und nur für 4,46 Mill. Kronen nach Österreich ausgeführt; davon entfallen 84 % auf Hühner und nur 9 % auf Gänse.[1])

Die Mehrausfuhrwerte für 1903 waren:

Eier	Kr.	68 452 688
Geflügel	„	10 404 780
Bettfedern	„	12 887 240
	Kr.	91 744 708

Der Mehrwert der Rindviehausfuhr betrug im selben Jahre bloß 90 252 914 Kronen, und die Bedeutung der Geflügelproduktenausfuhr erscheint noch größer, wenn man bedenkt,

[1]) Nach Zahlen der Statist. d. Zwischenverkehrs usw., Wien 1905, S. 94

daß sie auch den Bauern zugute kommt, während an der Mastviehausfuhr die Großlandwirte in erster Linie beteiligt sind.[1])

4. Italien.

Die italienische Jahresproduktion an Geflügelerzeugnissen wird auf 280 Mill. Lire, das sind 5 % des Gesamtwertes der landwirtschaftlichen Produktion, geschätzt.[2])

Die italienische Eierausfuhr,[3]) die 1862 noch unbedeutend (20 850 dz) war, stieg im Jahre 1896 auf 29 Mill. Lire, das sind 3,8 % der Gesamtausfuhr, und wuchs 1897 auf 32,6 Mill. Lire, 1898 auf 37,8 Lire (3,1 %), 1899 auf 43,9 Lire (3,1 %) und erreichte im Jahre 1900 ihre Höhe mit 357 396 dz und einen Wert von 50 Mill. Lire (3,7 %); dann sanken die Ziffern im Jahre 1901 auf 330 482 dz = 47,9 Mill. Lire (3,5 %), 1902 auf 287 075 dz und 1903 auf 255 051 dz = 40,8 Mill. Lire (2,7 %).

Im Jahre 1901 gingen 36 % der ausgeführten Eier nach England, 22 % nach Deutschland, 18 % nach der Schweiz, 12 % nach Belgien, 8 % nach Frankreich, 2 % nach den Niederlanden, 1 % nach Österreich-Ungarn.

Das Sinken der Ausfuhr ist nicht durch eine Verminderung der Produktion hervorgerufen, diese nimmt vielmehr ständig zu, aber nicht so schnell wie der inländische Konsum,[4]) so daß die früher ausgeführten Eiermengen jetzt im Inlande verbraucht werden; dasselbe trifft auch für die Geflügelausfuhr zu.

Diese wuchs von 46,973 dz im Jahre 1881 auf 87 534 dz = 11,3 Mill. Lire im Jahre 1898, auf 103 585 dz = 13,8 Mill. Lire im Jahre 1899, um dann auf 95 230 dz = 12,9 Mill. Lire im Jahre 1900, 75 004 dz = 9,9 Mill. Lire im Jahre 1901

[1]) Heinr. Gierth, Vorschläge zur Heb. der landw. Hühnerzucht, Wien 1904, S. 17.

[2]) Berliner Markthallen-Zeitung 1902 Nr. 44.

[3]) Zahlen aus: Annuario statistico italiano.

[4]) Über die Bestrebungen zur Hebung der Geflügelzucht: Joseph Scaglia. L'aviculture dans la rennaissance économique de l'Italie in: VII Congrès international d'Agriculture Rome 1903. Vol. I. 1 Partie IV Section S. 14 u. ff.

und 74552 dz = 10,6 Mill. Lire im Jahre 1903 zu sinken. Es kommen Hühner, Tauben und auch Gänse zur Ausfuhr. Im Jahre 1901 gingen 28 % der ausgeführten Mengen nach der Schweiz, 25 % nach Deutschland, 24 % nach Frankreich, 11 % nach Großbritannien und 9 % nach Österreich.

Die Ausfuhr von Bettfedern hat keine große Bedeutung und beträgt etwa 2 Mill. Lire.

So betrug die Geflügelproduktenausfuhr Italiens im Jahre 1903: 53,4 Mill. Lire = 43¼ Mill. Mk. = 3,5 % der Gesamtausfuhr.

5. Dänemark.

Die ersten Versuche, dänische Eier im Auslande abzusetzen, wurden im Jahre 1867 gemacht. Am Anfang wurden nur ein paar tausend Dutzend Eier jährlich ausgeführt.[1]) Ende der 70er Jahre nahm aber der auswärtige Handel mit Eiern zu und wuchs in viel rascherem Tempo als der Handel mit anderen landwirtschaftlichen Produkten. Die dänische Eierausfuhr hat sich in den Jahren von 1876/1880 bis 1901 verachtzehnfacht. In dieser Zeit hat sich die Ausfuhr von Schweinefleisch nur verdrei- und die Butterausfuhr nur versechsfacht (s. Tabelle).

Im Jahre 1903 bildete die Ausfuhr an Eiern mit 27,43 Mill. Kr. (zu 1,125 Mk.) 5,2 % der dänischen Gesamtausfuhr und kam an dritter Stelle nach Butter, 132,32 Mill. Kronen, und Schweinefleisch 60,56 Mill. Kr. Es werden aber auch Eier aus Rußland eingeführt (im Jahre 1900: 35,7 Mill. Stück, das sind etwa 10 % der dänischen Ausfuhr), um im Inlande konsumiert zu werden, weil sie

Dänische Eierausfuhr.

1870	im Durchschnitt	20	Taus. Kronen (1,125 Mk.)
1876—1880	„	188	„ „
1881—1885	„	1592	„ „
1886—1890	„	5112	„ „
1891—1895	„	5894	„ „
1896	„	9108	„ „

[1]) Raymond R. Frazier. Poultry and eggs in Denmark in Monthly consular reports Nr. 284 May 1904 Washington 1904 S. 405.

1897	im Durchschnitt	11 700	Taus.	Kronen (1,125 Mk.)
1898	„	13 520	„	„
1899	„	16 664	„	„
1900	„	18 107	„	„
1901	„	21 260	„	„
1902	„	24 070	„	„
1903	„	27 430	„	„

27 % billiger als die heimische Ware sind. 1000 russische Eier kosteten 42,40 Kr., 1000 dänische dagegen 54,20 Kr., man berichtet sogar, daß selbst die dänischen Bauern im eigenen Haushalte russische Eier verwenden, um die in ihrer Wirtschaft gelegten der Genossenschaft[1]) zu übergeben. Dasselbe trifft auch bei der Butter zu.

So betrug die Eiermehrausfuhr nur:

1901:	339,8	Mill.	Stück	für	19,52	Mill. Kronen
1902:	381,6	„	„	„	21,82	„ „
1903:	399,4	„	„	„	24,65	„ „

Fast die ganze dänische Eierausfuhr geht nach Großbritannien und wird durch Genossenschaften besorgt.

Im Jahre 1904 gab es in Dänemark 703 Kreisvereine für Eierverwertung, denen 57 122 Einzelmitglieder angehörten. 475 (68 %) dieser Lokalvereine waren der 1895 gegründeten dänischen Eierexportgenossenschaft (Danska Andels Aegexport Föreningen) angeschlossen. Diese führte im Jahre 1895 80 000 kg Eier aus, 1897 war der Umsatz schon: 1 600 000 kg, 1899: 2 496 000 kg und 1903: 4½ Mill. kg. Außerdem führte sie für 4½ Mill. Kronen Geflügel aus. Die Genossenschaft war imstande, den Eierpreis, der in den Jahren 1895—96 pro kg 67 Pfg. betrug, auf 88,5 Pfg. im Jahre 1899 zu erhöhen. Das wurde nur dadurch möglich, daß die Frische der Ware garantiert werden konnte. Der Sitz der Zentrale ist in Vejle, wo auch ihr Organ „Vor Aegexport" erscheint. Die Organisation beruht auf weitgehender Dezentralisation. Es werden lokale Vereine, sogen. Eierverkaufskreise gebildet, deren jeder seine eigene Verwaltung

[1]) A. Beeck, Die Geflügelzucht in Dänemark und Belgien im Vergleich zu Deutschland, in Mitt. d. D. L. G. St. 35 v. 27. August 1904 S. 225

und eigene Eiersammler hat. Die Eintrittsgebühr beträgt 50 Öre, und die Mitglieder verpflichten sich, Eier, die über 7 Tage alt sind, nicht zu liefern; sie werden mit 5 Kr. bei jeder ersten und mit 10 Kr. bei jeder weiteren Zuwiderhandlung bestraft. Die Eier werden von den Kreisverwaltungen untersucht und müssen binnen 4 Tagen an die Zentralstationen versandt werden, die die Eier sortieren und einpacken[1]) und binnen 4 Tagen nach Empfang verschiffen. Es ist infolge der strengen Durchführung dieser Maßregeln gelungen, daß in sehr kurzer Zeit der Ruf der dänischen Eier in England, der im Jahre 1895 sehr schlecht war, gehoben wurde und in der letzten Zeit von allen ausländischen Eiern für dänische der höchste Preis bezahlt wurde; dieser war 55 % höher als für russische und 2 % höher als für französische Ware. Es wurden auch direkte Verbindungen mit den englischen Großeinkaufsgenossenschaften angeknüpft, so daß man vom internationalen Verkehr zwischen Absatz- und Konsumgenossenschaften als von einer Wirklichkeit sprechen darf.[2])

Außer dieser Organisation beschäftigen sich mit Eierexport: die ebenfalls 1895 gegründete Butterverpackungsgenossenschaft (Dansk Andels Smörpakkeri) in Esbjerg, welcher im Jahre 1904 220 (31 %) der Lokalvereine mit 15000 Mitgliedern angehörte.

Von den 30 in Dänemark vorhandenen Schweineschlächtereigenossenschaften besorgten im Jahre 1904 6 auch die Eierausfuhr für ihre 8032 Mitglieder und hatten im Jahre 1903 2,55 Mill. kg Eier für 2,32 Mill. Kronen abgesetzt.

Außerdem gab es Anfang 1904 noch zwei größere Eierverkaufskreise mit zusammen 1090 Mitgliedern, die keiner Zentralorganisation angehörten.[3]) Die Absatzmöglichkeit mußte die

[1]) Sehr wertvolle Angaben über die Sortierung und Verpackung der Eier sowie über den Betrieb und die Leitung der Gesellschaft enthält der Bericht des kgl. italienischen Gesandtschaftssekretärs Cav. Cesare Ranuzzi Segni, welcher von dem italienischen Handelsauskunftsamt unter dem Titel: „Produzione e commercio delle uova in Danimarca Roma 1902" herausgegeben wurde. Die 56 Seiten umfassende Broschüre enthält auch vier photographische Abbildungen.

[2]) Heinr. Pudor, Das landwirtsch. Genossenschaftswesen im Auslande 1. Bd., Leipzig 1904, S. 55 ff.

[3]) Pudor ebenda S. 140.

Landwirte veranlassen, der Geflügelhaltung mehr Interesse zuzuwenden. Der Geflügelbestand ist in der Tat zwischen 1893 und 1898 sehr gestiegen.

Dänemarks Geflügelbestand. [1])

	1893	1898	Vermehr. od. Abnahme
Hühner	5 855 999	8 766 882	49,71 %
Truthühner	40 512	52 177	28,79 %
Enten	723 708	803 401	11,01 %
Gänse	230 396	210 907	—8,46 %
Schweine	829 131	1 168 493	40,92 %
Rinder	1 696 190	1 744 797	2,86 %

In dem genannten Zeitraume betrug die jährliche Vermehrung: 9,95 % bei Hühnern, 5,76 % bei Truthühnern, 2,20 % bei Enten; die Zahl der Gänse hat jährlich um 1,69 % abgenommen. In derselben Zeit ist die Zahl der Schweine um 8,19 % und die Rinderzahl nur um 0,57 % gestiegen.

Auf einen landwirtschaftlichen Betrieb entfielen 1898: 32 Hühner und 36 Stück Geflügel, in Deutschland nur 11,62, in Preußen 11,66.

Die Genossenschaftsbewegung, die diesen riesigen Aufschwung hervorgerufen hat, nutzte aber nur die gegebenen Verhältnisse aus, die die denkbar günstigsten für die Geflügelhaltung sind. Es herrscht in Dänemark der Kleingrundbesitz vor, indem $^2/_3$ der Betriebe kleiner sind als 10 ha.

Am 1. Januar 1895.[2])

45 828	landwirtschaftliche	Betriebe	unter	0,3	ha.
46 828	„	„	„	0,3—2,5	„
66 491	„	„	„	2,5—10	„
21 184	„	„	„	10—20	„
23 373	„	„	„	20—40	„
23 638	„	„	„	40—80	„
5 694	„	„	über	80	„

[1]) Danmarks Statist. Statistik Aarbog, Kobenhavn 1902, S. 42.

[2]) Ausgerechnet nach Zahlen in Pudor a. a. O. Tabelle 4.

Die Höfe liegen in der Hauptsache zerstreut, es gibt nicht viele geschlossene Dörfer. Hierzu kommt, daß die ganze dänische Bauernwirtschaft auf Viehhaltung zugeschnitten ist, so daß es an Auslaufplätzen nicht fehlt. Auch in Hinsicht auf Futterbeschaffung ist Dänemark günstig gestellt, es hat keinen Getreidezoll, so daß die Körner und besonders der Mais billig sind und als Kraftfutter in großen Mengen verwendet werden können. Die Abfälle der 30 genossenschaftlichen Schweineschlächtereien bilden auch ein sehr wertvolles Futter.[1]) Die Rentabilität der Geflügelhaltung wäre aber ohne die Genossenschaftsorganisation nicht denkbar, und diese wird nur durch die Ausbildung der Landbevölkerung in den vortrefflichen höheren Volksschulen ermöglicht. Belehrung und Selbsthilfe haben die dänische Landwirschaft zu ihrer heutigen Blüte gebracht. Dazu kommt natürlich auch die Gleichartigkeit der Verhältnisse.

6. Frankreich.

Frankreich und Belgien haben einen bedeutenden Handel mit Geflügelprodukten. Die Einfuhr ist hier etwas größer als die Ausfuhr. Hier wird auch ausländische Ware eingeführt und verbraucht, weil sie billiger ist als die inländische.

Frankreich hatte immer eine bedeutende Geflügelhaltung. Die Verhältnisse liegen auch sehr günstig, vorwiegend Kleinbesitz, zerstreute Höfe, die das Auslaufen des Geflügels ermöglichen, und vor allem die große Aufnahmefähigkeit des französischen Marktes für feines Tafelgeflügel. Dazu kommt noch der hohe Schutzzoll. Er beträgt: 6 Fr. für 10 kg Eier (in Deutschland nur 2 Mk.), 20 Fr. für 100 kg lebendes und totes Geflügel, 25 Fr. für 100 kg Bettfedern.

Bis zum Jahre 1898 führte Frankreich mehr Eier aus als ein. In den Jahren 1815 bis 1835 betrug die Ausfuhr nur 2 786 000 Fr.[2]) 1869 war die Mehrausfuhr schon auf $30^1/_2$ Mill. Fr. gestiegen. Sie sank im Durchschnitte

---

[1]) vgl. A. Beeck a. a. O.

[2]) Roscher-Dade, Nationalökonomie d. Ackerbaues, Stuttg. und Berlin 1903, S. 794.

in den Jahren 1883—1887 auf 16³/₄ Mill. Fr.
1888—1892 „ 15³/₄ „ „
1893—1897 „ 11 „ „

In den Jahren 1898 bis 1902 wurden jährlich für etwa 4 Mill. Fr. mehr Eier ein- als ausgeführt, und 1903 betrug die Mehreinfuhr schon 8,7 Mill. Fr. Die Ursache dieser Verschiebung ist die Konsumtionssteigerung. Der Eierkonsum von Paris,[1]) der im Jahre 1883 sich auf 190 Stück pro Kopf der Bevölkerung belief, stieg

im Jahre 1896 auf 204 Stück
„ „ 1897 „ 208 „
„ „ 1898 „ 210 „
„ „ 1899 „ 210 „
„ „ 1900 „ 234 „
„ „ 1901 „ 222 „
„ „ 1902 „ 232 „

Die hohe Zahl für 1900 ist durch den Fremdenverkehr gelegentlich der Weltausstellung verursacht. Wie wir weiter sehen werden, ist in den letzten Jahren der Konsum Berlins pro Kopf annähernd so groß wie derjenige von Paris.

Etwa 60 % der in Paris eingeführten Eier werden in den Halles centrales gehandelt.[2]) Von den im Jahre 1900 daselbst zum Verkauf gekommenen Eiern stammten 39 % aus Orleans, Süd-Frankreich, 26 % aus West-Frankreich, Normandie und Bretagne, 14 % aus dem Auslande und 10 % aus Lyon, Bourgogne, Bourbonnais. Der verhältnismäßig geringe Anteil der Normandie und der Bretagne an der Eierversorgung von Paris erklärt sich bei der hochentwickelten Geflügelhaltung nur durch die Tatsache, daß diese Teile Frankreichs infolge ihrer geographischen Lage zuerst für die Ausfuhr nach England in Betracht kommen.

Es wurden 1903 eingeführt[3]): Eier: 15105929 kg im

---

[1]) Berechn. nach Bevölkerungs- u. Oktroizahlen, die im „Annuaire statistique de la ville de Paris" veröffentlicht sind.

[2]) Über die Organisation d. Eierhandels: Ch. Voitellier, Aviculture Paris 1905, S. 462 ff.

[3]) Tableau général du commerce et de la navigation 1903 I.

Werte von 21 903 597 Fr., und zwar 28 % aus Belgien, 25 % aus Rußland, 20 % aus der Türkei, 14 % aus Italien, 4 % aus Deutschland.

Tauben, meist aus Italien,	für	6 300 000	Fr.	
Sonstiges lebendes Geflügel	„	1 500 000	„	aus Italien u. Belgien.
Geschlachtetes Geflügel	„	1 908 000	„	
Bettfedern	„	3 459 700	„	
Wert d. eingeführten Produkte		35 071 297	„	

Ausgeführt wurden 1903:

Eier 8 016 493 kg	für	13 227 213	Fr.,	davon 92 % n. England
Tauben	„	93 484	„	„ 48 % „ England „ 45 % „ Belgien.
Anderes leb. Federvieh	„	774 272	„	„ 45 % „ Deutschl. „ 17 % „ England.
Geschlachtete Tauben	„	3 346	„	
Anderes geschl. Federvieh		12 881 822	„	„ 48 % „ England. „ 30 % „ Schweiz. „ 10 % „ Deutschl.
Gänseleberpasteten	für	1 213 650	„	
Bettfedern	„	2 591 120	„	
Wert der Ausfuhr	„	30 784 907	„	

So besteht die Einfuhr aus 63 % Eiern, 18 % Tauben, 10 % Bettfedern, 5 % geschlachtetem Federvieh, 4 % lebendem Federvieh; die Ausfuhr aus 43 % Eiern, 42 % geschlachtetem Geflügel, 8 % Bettfedern, 4 % Gänseleberpasteten, 2 % lebendem Geflügel.

Die Mehreinfuhr betrug 4 286 290 Fr. = 3 429 000 Mk.

7. Belgien.

In Belgien übertrifft die Eiereinfuhr auch die Ausfuhr. Das war aber nicht immer der Fall.

1835	wurden Eier	für	186 000	Fr. aus- u.	für	16 000	Fr.	eingeführt.
1840	„ „	„	210 000	„ „ „	„	29 000	„	„
1850	„ „	„	645 000	„ „ „	„	61 000	„	„
1860	„ „	„	994 000	„ „ „	„	91 000	„	„
1870	„ „	„	1 863 000	„ „ „		1 099 000	„	„

aber schon 1880 war die Lage eine andere:

		Tausend Stück		Tausend Fr.		Tausend Stück		Tausend Fr.
1880	Einfuhr	80 258	=	7 223	Ausfuhr	47 038	=	4 233
1890	„	90 427	=	8 138	„	64 898	=	5 841
1900	„	145 252	=	10 168	„	111 464	=	7 803
1902	„	184 482	=	13 596	„	135 406	=	9 979

So ist die Mehreinfuhr im Jahre 1902 auf 49 076 Tausend Stück im Werte von 3 617 000 Fr. gestiegen. Belgien hat aber eine bedeutende Eierdurchfuhr, sie betrug

1860	98 000	Eier im Werte von	6 000 Fr.
1870	178 000	„ „ „ „	18 000 „
1880	106 458	„ „ „ „	9 581 000 „

Vom Jahre 1890 an ist sie größer als die Eier-Ein- und Ausfuhr Belgiens zusammen:

1890	209 315	Tausend Stück	=	18 823 000 Fr.
1900	315 488	„ „	=	22 084 000 „
1902	367 432	„ „	=	27 080 000 „ = 1,75 %

der Gesamtausfuhr Belgiens.

An der Einfuhr waren im Jahre 1902 beteiligt: Rußland mit 43 %, Italien mit 33 %, Deutschland mit 13 %, Holland mit 6 %, Bulgarien mit 5 %. Die Ausfuhr ging in demselben Jahre nach Frankreich 52 %, Deutschland 18 %, England 17 %.[1])

Interessant ist die weitgehende Spezialisierung in der Geflügelhaltung in Belgien. Es gibt jetzt zwei ganz getrennte Zuchtgebiete. Das eine in der Provinz Ostflandern zwischen den Städten Audenarde, Gand, Alost, Grammont, hat sich der Eierproduktion gewidmet. Der Boden ist auch dazu geeignet. Die ausgedehnten Weiden und Wiesen gewähren den Tieren einen großen Auslauf und vermindern die Futterkosten. Jeder Bauer hat 30—40 Hühner der Brakelrasse, und manche halten sogar bis 100 Stück. Dienstags findet in der Stadt Sottegam ein Markt statt, auf welchem täglich bis 400 000 Eier umgesetzt werden. Die Händler von Brüssel, Antwerpen, Charleroi kaufen sie und verschicken sie in Körben zu 1000 bis 1200 Stück nach den Großstädten oder ins Ausland.[2])

---

1) Nach Zahlen aus Annuaire statistique, Bruxelles 1903, berechnet.

2) vgl. L. Vander Smikt, Elévage des volailles au point de vue économique. VII Congrés international d'Agriculture. Vol. I, 2. Partie, Turin 1903, S. 295 ff.

Eine viel größere wirtschaftliche Bedeutung hat die Hühnerhaltung in der Umgebung der Stadt Mecheln. In einem Umkreise von 30 km dehnt sich eine Sandgegend mit wenig Industrie aus. Die Bevölkerung treibt eine sehr intensive Spatenkultur und ausgedehnte Viehzucht. Hier wird ausschließlich der Mechelner Kukucksperber gehalten. Jeder Bauer hat wenigstens 10 Hühner und zieht jährlich 50—100 Kücken, die er im Alter von 12 Wochen verkauft. Kleinhändler kaufen die Tiere auf dem Lande und bringen sie an die Märkte, die einmal wöchentlich in Londerzeel, Merchtem und Mecheln stattfinden und an welche in den Monaten September-November 4000 bis 5000 Stück täglich verkauft werden. Die Käufer sind Besitzer großer Mästereien, die die Tiere 3—4 Wochen mit einem Brei, aus Buchweizenmehl und Magermilch bestehend, füttern. Die geschlachteten und dressierten Tiere sind im Handel unter dem Namen Brüsseler Poularden bekannt. Der größte Markt für diese Ware ist der „Marché de la Madeleine" in Brüssel, wo an den Markttagen 5000—6000 Stück abgesetzt werden. In Belgien werden die mittelschweren Poularden bevorzugt, sie wiegen 2—2 $^1/_2$ kg. England verlangt kleinere Ware im Gewicht von $1^1/_4$—2 kg, nach Deutschland gehen die schwersten, die $2^1/_2$—3 kg wiegenden Poularden.[1])

Fragt man nach den Gründen dafür, daß einige Länder imstande sind, bedeutende Mengen von Geflügelprodukten auf den internationalen Markt zu bringen, so sehen wir, daß zwei Umstände in Betracht kommen. Einmal bedingen die besonderen Verhältnisse eines Landes eine bedeutende Produktion, dann wieder ist der Konsum im Lande selbst beschränkt und dadurch sind die Produzenten auf den Absatz im Auslande angewiesen. Zuerst kann man wirtschaftliche und Naturverhältnisse unterscheiden.

---

[1]) H. Sieber, Die belgische Geflügelzucht. Reisebericht. Sonderabdruck aus dem Amtsblatt der Landwirtschaftskammer für den Regierungsbezirk Wiesbaden, u. A. Beeck, Die Geflügelzucht in Dänemark und Belgien im Vergleich zu Deutschland in den „Mitteilungen der Deutschen Landwirtschafts-Gesellschaft" Stück 34 Jahrg. 1904 S. 225.

Jene sind: Besitzverteilung, Siedelung und Intensität der Landwirtschaft. Länder mit überwiegendem Kleinbesitz, wie Frankreich und Dänemark, solche mit zerstreut liegenden Einzelhöfen sind für Geflügelhaltung viel mehr geeignet als Länder mit Großgrundbesitz und geschlossenen Dörfern.

Die Länder mit extensiver Bewirtschaftung wie Russland, Rumänien, Ungarn, in denen das Land und die Körner billig sind und wo es an Auslaufplätzen nicht mangelt, können viel mehr Geflügel und dieses auch viel billiger halten als Länder mit intensiver Landwirtschaft.

Nicht zu unterschätzen ist auch die fortgeschrittene Technik, die in einigen Ländern (Frankreich, Belgien) durch Arbeitsteilung und einheitliche Bestrebungen in geschlossenen Zuchtzentren Beachtenswertes geleistet hat in bezug auf Quantität und besonders auf Qualität der Produkte. Naturverhältnisse, die die Produktion des Geflügels beeinflussen, sind:

Beschaffenheit des Bodens und in höherem Grade das Klima. Große Kälte und besonders andauernde Feuchtigkeit sind höchst nachteilig für die Eierproduktion. In dieser Hinsicht sind Italien und Südfrankreich begünstigt.

Diejenigen Umstände, welche bewirken, daß ein großer Teil der Eier und des Geflügels nicht im Inlande verbraucht wird, sind auch verschiedener Art. In Rußland ist es das Mißverhältnis zwischen der Zahl der städtischen, d. i. der konsumierenden, und der der landwirtschaftlichen, d. i. der produzierenden Bevölkerung. In Italien kommt vielmehr die finanzielle und wirtschaftliche Lage der industriellen Bevölkerung in Betracht, die einen ausgedehnten Verbrauch von feineren Lebensmitteln nicht zuläßt; wir haben gesehen, daß in Italien mit der Verbesserung der wirtschaftlichen Lage die Ausfuhr zurückgegangen ist.

Es genügt aber nicht, daß große Mengen von Geflügel gehalten werden und daß die Produkte nicht im Lande selbst abgesetzt werden können.

Für die Ausfuhr bedarf es auch eines gut organisierten Handels. Es ist sicher, daß, wenn die Ausfuhr aus Rumänien, Bulgarien, der Türkei von Jahr zu Jahr so großen Schwankungen unterworfen ist, die Ursache nur in dem unvollkommen ausgebildeten Handel mit Geflügelprodukten, der in diesen Ländern mehr sporadischer Art ist, gesucht werden muß. Und wie fördernd ein gut organisierter Handel auf die Produktion selbst einwirkt, beweisen die Verhältnisse in Belgien und besonders in Dänemark.

II. Deutschlands Handel.

1. Außenhandel.

Die Eiereinfuhr scheint nicht so neuen Datums zu sein, schon unter Friedrich dem Großen war der Berliner Eiermarkt vom Auslande abhängig und ein Einfuhrverbot wurde vom König erlassen. Die Preise stiegen, und als die Minister Bedenken äußerten, soll der König gesagt haben: „Es ist nur der Fehler der Pachter und Bauern, daß sie sich nicht darauf verlegen. 42 Jahre habe ich darauf gearbeitet, um solches einzuführen. Wenn die Herren Minister Eier essen wollen, so geben sie sich mehr Mühe mit den Kammern, solches zu bewirken, das Verbot bleibt vor ausländischen Eiern vor wie nach.“ [1])

Folgende Tabelle gibt die Werte der in den letzten Jahren ins deutsche Zollgebiet eingeführten Geflügelprodukte und auch die Ausfuhrwerte an.

Werte der deutschen Ein- und Ausfuhr an Geflügelprodukten in 1000 Mark.

	1897		1898	
	Einfuhr	Ausfuhr	Einfuhr	Ausfuhr
Eier	85 648	590	85 167	493
Federvieh nicht lebend	5 089	420	5 166	410
Haushühner	8 602	224	9 947	337
Gänse	15 608	146	17 726	153
Sonstiges Federvieh	2 979	108	3 169	77
Rohe Bettfedern	15 897	2 605	17 487	1 966
Gereinigte Bettfedern	3 300	5 100	3 300	4 700
	137 123	9 193	141 512	8 136
	(2,9 % d. Ges. Einf.)		(2,6 % d. Ges. Einf.)	
	Mehreinf. 127 930		Mehreinf. 133 376	

[1]) Reinhold Koser, König Friedrich der Große, Stuttgart und Berlin 1903, Bd. 2 S. 376.

	1899 Einfuhr	1899 Ausfuhr	1900 Einfuhr	1900 Ausfuhr
Eier	96 309	478	103 227	597
Federvieh nicht lebend	5 803	527	6 694	479
Haushühner	10 167	338	10 734	383
Gänse	19 567	253	17 487	267
Sonstiges Federvieh	3 433	95	3 430	93
Rohe Bettfedern	19 278	2 386	20 616	2 582
Gereinigte Bettfedern	3 800	5 000	3 619	5 056
	258 357	9 077	165 807	9 457

(2,7 % d. Ges. Einf.) (2,7 % d. Ges. Einf.)
Mehreinf. 149 280 Mehreinf. 156 350

	1901 Einfuhr	1901 Ausfuhr	1902 Einfuhr	1902 Ausfuhr
Eier	104 773	699	115 210	969
Federvieh nicht lebend	8 465	518	8 594	493
Haushühner	10 276	271	11 654	262
Gänse	18 704	277	21 110	304
Sonstiges Federvieh	3 118	106	3 764	105
Rohe Bettfedern	15 980	2 697	18 535	3 012
Gereinigte Bettfedern	3 218	4 503	2 905	5 183
	164 534	9 071	181 772	10 328

(2,9 % d. Ges. Einf.) (3,1 % d. Ges. Einf.)
Mehreinf. 155 463 Mehreinf. 171 444

	1903 Einfuhr	1903 Ausfuhr
Eier	112 050	1 036
Federvieh nicht lebend	8 472	593
Haushühner	11 565	151
Gänse	25 242	547
Sonstiges Federvieh	4 055	99
Rohe Bettfedern	19 870	3 110
Gereinigte Bettfedern	3 116	5 374
	184 370	10 910

(2,9 % d. Ges. Einf.)
Mehreinfuhr 173 460

Der Wert der Einfuhr stieg von 137 Mill. Mk. (1897) auf 184 Mill. Mk. (1903), der Wert der Ausfuhr dagegen nur von 9 Mill. Mk. auf 10,9 Mill. Mk. Die Einfuhr schwankt um 3% der Gesamteinfuhr (2,6% — 1898 bis 3,1% — 1902).

Die erste Stelle nehmen die Eier mit 60% ein, dann kommen die Gänse mit 13%, rohe Bettfedern mit 11%, lebende Hühner mit 6%, geschlachtetes Federvieh mit 5%, sonstiges Federvieh (außer Gänse und Haushühner) mit 2%, gereinigte Bettfedern mit 1½%.

An der Ausfuhr nahmen teil 1903: Rohe Bettfedern mit 28%, Eier mit 9½%, geschlachtetes Federvieh mit 5%, Haushühner mit 1%, gereinigte Bettfedern mit 49%. Man muß aber bemerken, daß die gereinigten Bettfedern ein sehr veredeltes Produkt sind und daß sie mehr als zur Hälfte Industriewerte bilden.

Folgende Tabelle gibt die Mengen der 1878 bis 1903 ins deutsche Zollgebiet eingeführten Eier im ganzen und pro Kopf der Bevölkerung an.

	Eiereinfuhr in d. Zollgebiet, dz.[1])	1000 Stück	Bevölkerung[1]) d. Zollgeb., 1000 Einw.	pro Kopf Stück
1878	211 450	338 320	43 592	7,8
1879	155 510	248 816	44 079	5,6
1880	154 390	247 024	44 564	5,5
1881	148 410	237 456	44 894	5,2
1882	181 250	290 000	45 187	6,4
1883	181 680	290 688	45 480	6,4
1884	198 020	316 832	45 799	6,9
1885	236 560	378 496	46 165	8,2
1886	272 530	436 048	46 576	9,4
1887	352 660	564 256	47 046	12,0
1888	397 480	635 968	47 729	13,3
1889	485 160	776 256	48 917	15,8
1890	540 720	865 152	49 441	17,5
1891	574 820	919 712	49 963	18,4
1892	627 336	1 003 737	50 469	19,8
1893	663 143	1 061 738	50 960	20,8
1894	796 091	1 269 745	51 544	24,6

[1]) Nach den Statist. Jahrbüchern für das Deutsche Reich.

	Eiereinfuhr in d. Zollgebiet, dz.	1000 Stück	Bevölkerung d. Zollgeb., 1000 Einw.	pro Kopf Stück
1895	835 650	1 337 020	52 207	25,6
1896	890 298	1 424 476	52 962	26,8
1897	995 902	1 593 443	53 781	29,6
1898	1 058 358	1 693 372	54 622	31,0
1899	1 125 786	1 801 257	55 468	32,5
1900	1 181 697	1 890 715	56 269	33,6
1901	1 164 865	1 863 784	57 086	32,6
1902	1 281 538	2 054 460	57 957	35,4
1903	1 247 769	1 996 430	58 843	33,9

Die Eiereinfuhr betrug also 1878 — 7,8 St. pro Kopf, sank aber 1881, nach der Einführung des Schutzzoll-Tarifs von 1879 (Zoll v. 2 Mk. pro 100 kg Eier) auf 5,2 St., um dann langsam auf 35,4 St. – 1902 zu steigen. Das Jahr 1903 brachte einen Rückgang auf 33,9 St. pro Kopf. Der Wert der Eiereinfuhr nahm 1899 die 14. Stelle unter den Einfuhrpositionen mit 1,7 % des Wertes der Gesamteinfuhr ein, stieg 1902 zur 7. Stelle mit 2 % der Einfuhr, um 1903 auf die 11. Stelle mit 1,7 % zu fallen. Wenn man aber den Wert der Einfuhr der gesamten Geflügelprodukte zusammenfaßt, nahm er im Jahre 1903 die 4. Stelle nach roher Baumwolle, Schafwolle und Weizen ein.

Die Einfuhr von lebendem Federvieh hat auch beträchtlich zugenommen, von 6,588 Mill. Mk. 1885 stieg sie auf 42,1 Mill. Mk. 1903.

Die Länder, aus welchen Deutschland diese großen Mengen von Geflügelprodukten bezieht, sind Rußland, Österreich-Ungarn, Italien und in kleineren Mengen Rumänien, Bulgarien, ferner die Niederlande, Serbien, Belgien, Frankreich, die Schweiz, selbst die Türkei, Ägypten, Marokko und China steuern dazu bei. Aus Rußland werden 48 %, aus Österreich-Ungarn 36,3 % vom Werte der Geflügelprodukte eingeführt.

Vor 1897 und 1898—1902 war die Einfuhr aus Österreich-Ungarn größer als die aus Rußland und zwar

1902	Rußland	42 %	Österreich-Ungarn	44 %
1901	„	40 %	„ „	45 %
1900	„	39 %	„ „	44 %
1899	„	39 %	„ „	45 %
1898	„	41 %	„ „	42 %

Außer 1903 war auch 1897 die russische Einfuhr mit 36 % höher als die Österreich-Ungarns mit 34 %. Anfang der 80er Jahre war die Einfuhr an Geflügelprodukten aus Rußland unbedeutend. 1880 betrug sie 6082 Mill. Mk., stieg aber im Jahre 1884 auf 10 Mill., im Jahre 1889 auf 21 Mill. und im Jahre 1891 auf 30 Mill.

Der Zollkrieg brachte im Jahre 1893 eine Unterbrechung, aber 1895 betrug die Einfuhr schon 46 Mill., 1899 57 Mill., 1903 88,419 Mill. Mk. Im Jahre 1903 betrug der Wert der aus Rußland nach Deutschland eingeführten Geflügelprodukte 10,7% der deutschen Einfuhr aus Rußland, er machte 1880 nur 1,8 % dieser Einfuhr aus. Ein hoher Prozentsatz, nämlich 10,2 %, war schon einmal während des Zollkrieges erreicht.

Die Einfuhr von Geflügelprodukten aus Österreich-Ungarn, die im Jahre 1880 5,3 % der Einfuhr aus diesem Lande betragen hatte, wuchs beständig, bis sie im Jahre 1902 den Höchststand von 11 % erreichte. Die graphische Darstellung der Tabelle I zeigt vergleichend die relative Bedeutung, die der Geflügeleinfuhr für die Handelsbeziehungen Rußlands und Österreich-Ungarns mit Deutschland in den Jahren 1860 bis 1903 zukam. Die Kurven repräsentieren den Anteil in Prozenten der österreichisch-ungarischen bezw. russischen Gesamteinfuhr in Deutschland, der den Geflügelprodukten zufiel. Wie daraus zu ersehen ist, wuchs das Interesse beider Länder an dem deutschen Handel mit Geflügelprodukten mehr und mehr. Das Interesse Rußlands war anfangs der 80er Jahre sehr gering, wuchs aber in viel schnellerem Tempo als dasjenige Österreich-Ungarns.

Es ist zu bemerken, daß die großen Abweichungen bei Rußland 1886—1892 nicht durch große Geflügelprodukteneinfuhr, vielmehr durch außerordentliche kleine Gesamteinfuhr verursacht sind. Das plötzliche Sinken der Werte bei Österreich-Ungarn im Jahre 1903 wurde dagegen durch eine Verminderung um 12 Mill. Mark der Eiereinfuhr verursacht.

Deutsche Eiereinfuhr nach Herkunftsländern in dz.

	1892	1893	1894	1895	1896	1897
Rußland	254835	227123	294854	390390	410079	470886
Österreich-Ungarn	327994	378930	432340	377544	388669	410247
Italien	28063	38492	42506	47254	58882	80520
Bulgarien	—	—	—	—	—	—
Rumänien	3342	4964	9636	3943	8825	9848
Niederlande	7679	9175	10034	10844	12987	14513
Serbien	—	—	—	—	1430	1430
China	—	—	—	—	—	—
Schweiz	—	—	—	1860	2015	1813
Türkei in Europa	—	—	—	—	—	—
Belgien	—	—	—	—	4212	3609
Frankreich	1753	1529	1504	1278	2295	2071
Marokko	—	—	—	—	—	—
Türkei in Asien	—	—	—	—	—	—
Andere Länder	—	—	—	2537	2234	965
dz.	627336	663143	796091	835650	890298	995902
Wert in 1000 Mk.	61479	74935	68964	74373	76566	85648

Deutsche Eiereinfuhr nach Herkunftsländern in dz.

	1898	1899	1900	1901	1902	1903
Rußland	471724	479342	508197	501482	557901	642153
Österreich-Ungarn	458237	519662	531740	516419	539389	435812
Italien	80328	76281	85938	69311	55310	45635
Bulgarien	1662	1108	3442	17660	30494	40069
Rumänien	15688	20132	10193	19236	24534	30303
Niederlande	16880	19855	22848	23104	24851	23858
Serbien	2869	—	1719	2468	14851	7658
China	1506	1399	3470	2249	4602	7315
Schweiz	2275	2894	2818	2809	4188	4419
Türkei in Europa	—	—	520	2508	4285	3988
Frankreich	2694	1559	2460	1858	2408	1560
Belgien	2445	1147	1781	1859	2503	2702
Marokko	—	—	1057	2044	1821	1057
Türkei in Asien	—	—	155	568	1646	384
Andere Länder	2050	2407	1358	1290	987	856
dz.	1058358	1125786	1181697	1164865	1281538	1247769
Wert in 1000 Mk.	85167	96309	103227	104773	115210	112050

Die graphische Darstellung der Tabelle II zeigt die Bewegung der Eiermengen, die in den Jahren 1880—1903 aus Österreich-Ungarn, Rußland und Italien eingeführt wurden.

Bei den ersten zwei Ländern verlaufen die Linien in derselben Richtung wie bei der Tabelle I, das zeigt, daß die Eier die Hauptstelle im Außenhandel Deutschlands unter den Geflügelprodukten einnehmen. Die Abweichungen von der Mittellinie sind nicht so groß, was beweist, daß die häufigen Schwankungen der Zahlen in Tabelle I durch Preisveränderungen, nicht aber durch Verminderung der eingeführten Mengen verursacht sind. Die aus Italien eingeführten Eiermengen sind sehr gering im Vergleich mit den aus den anderen 2 Ländern stammenden Quantitäten und nehmen seit 1897 ständig ab, weil der italienische Eierkonsum seit diesem Jahre stark gewachsen ist.

Aus Rußland führt Deutschland ein: (1903) Eier für 55,197 Mill. Mk., Gänse für 22,487 Mill. Mk. und in kleineren Mengen: Rohe Bettfedern für 3,446 Mill. Mk., Haushühner für 2,665 Mill. Mk., geschlachtetes Federvieh für 2,433 Mill. Mk., anderes Federvieh als Gänse und Hühner für 2,191 Mill. Mk.

Über 60 % der Geflügelprodukte, die in Deutschland aus Rußland eingeführt werden, entfallen auf Eier. Diese Eier stammen aus Mittel- und Süd-Rußland, aus Gegenden, die 600 bis 2500 km von der deutschen Grenze entfernt sind. Die Exporteure, meist ausländische Firmen, die in den größeren Städten Agenten haben, kaufen die Eier auf dem platten Lande auf. Diese Eier werden nach den Eisenbahnknotenpunkten befördert, und hier werden sie sortiert, auf ihre Frische mittelst Eierlampen untersucht (2 Männer können täglich 40 000 Eier untersuchen) und in Kisten mit Holzwolle oder Stroh verpackt. Gewöhnlich enthalten die Kisten, die für die deutschen Handelsplätze bestimmt sind, 24 Schock zu 60 Stück = 1440 Eier. Eine Wagenladung enthält 100 solche Kisten mit 144 000 Stück Eier. Die Fracht von Woronesch bis Berlin und der Zoll belaufen sich auf 1150 Mk. pro Wagenladung = 48 Pfg. pro Schock. Früher kosteten 1000 Stück Eier 25—50 Mk. je nach der Jahreszeit, jetzt ist der Preis auf 40—80 Mk. gestiegen.[1]) 1901 war der Durchschnittspreis 17,73 Rubel für 1000 Stück, gleich 2,30 Mk. pro Schock.[2]) So machen Ankaufspreis, Trans-

[1]) Berliner Markthallen-Zeitung Nr. 85, 1902.

[2]) Berliner Markthallen-Zeitung Nr. 97, 1899.

port und Zoll ca. 2,78 Mk. pro Schock. 1901 war der Durchschnittspreis im Berliner Großhandel 3,14 Mk., es bleiben demnach 36 Pfg. pro Schock für Spesen und Gewinn. Die Preise schwanken aber nach der Jahreszeit. 1902 kosteten im Frühjahr die Eier 14—15 Rubel pro 1000 Stück, von August bis September schon 20—22 Rubel und November 25 Rubel, das ist vom Frühjahr bis November eine Preiserhöhung von 79 %.[1]) Die besten russischen Eier kommen aus den Gouvernements Poltawa, Kursk, Orel, Woronesch, Tambow, Charkow. Anfang 1902 gab es 35 russische Eisenbahnstationen, die einen regelmäßigen Eierversand nach Deutschland hatten.[2]) Die Tarife sind für russische Strecken ermäßigt, und die russischen Bahnverwaltungen scheuen keine Mühe, um den Eierexport nach Kräften zu erleichtern. Kürzlich sind Verhandlungen mit den preußischen Eisenbahnbehörden angebahnt worden, um für den Eiertransport umsetzbare Wagen einzuführen, die das Umladen, welches viel Eierbruch mit sich bringt, zu vermeiden.[3])

Kommen die Eier aus sehr weit gelegenen Gegenden Rußlands, so stammen die großen Mengen russischer Gänse, die alljährlich in Deutschland eingeführt werden, fast alle aus Polen. Schon Anfang August sind die Landstraßen an der Grenze mit Gänsen bedeckt, die, schwarz von Staub, in großen Herden getrieben werden und so über die Grenze an die preußischen Eisenbahnstationen gelangen. Sie werden hier in Eisenbahnwagen eingeladen; jeder Wagen hat vier übereinanderliegende Abteilungen, von denen jede 300 Gänse aufnimmt, so daß eine Wagenladung aus 1200 Stück Gänsen besteht. Es wurden im Jahre 1903 6 613 870 Stück aus Rußland eingeführt, was über 5500 Wagenladungen entspricht. Die Gänse sind in Polen an der Grenze etwa 50 % billiger als in Berlin, im Inneren Polens sogar 60—75 % billiger.[4])

---

[1]) Bericht d. k. u. k. österr.-ung. Konsul in Kiew a. a. O. S. 10.

[2]) Nach einem Schreiben der Eisenbahndirektion Berlin an die Ältesten der Kaufmannschaft. Berliner Markthallen-Zeitung Nr. 4, 1902.

[3]) Berliner Markthallen-Zeitung Nr. 30, 1904.

[4]) Berliner Markthallen-Zeitung Nr. 73, 1900.

Auch bei der deutschen Geflügelprodukten-Einfuhr aus Österreich-Ungarn bilden die Eier die wichtigste Position. Ihr Wert betrug 1903: 37,911 Mill. Mk. (56,5 %₀ der Geflügelprodukten-Einfuhr), 1902 sogar 50,151 Mill. Mk. (63,2 %).

An zweiter Stelle kommen die rohen Bettfedern mit 11,741 Mill. (17,5 %), dann lebendes Federvieh mit 10,837 Mill. (16,2 %), geschlachtetes Federvieh mit 3,844 Mill. (5,7 %), endlich gereinigte Bettfedern mit 2,658 Mill. (4,1 %). Zu beachten ist, daß während bei Rußland der Wert der Einfuhr der Gänse 82,2 % des Wertes vom eingeführten lebenden Federvieh ausmachte, dieser bei Österreich in den Hintergrund tritt und mit 3 832 000 Mk. nur 35,3 % ausmacht; hier nimmt dagegen die Hühnereinfuhr mit 5 478 000 Mk. = 50,5 % die Hauptstelle ein. Die Eier stammen aus Ungarn, Galizien, Bukowina und Böhmen, die meisten Hühner aus Ungarn, die Gänse dagegen aus Ungarn und Böhmen.

Die Zollstatistik, die bis jetzt benutzt wurde, gibt genaue Auskunft über die Mengen von lebendem Geflügel, die jährlich von den russischen und österreichisch-ungarischen Zollgebieten eingeführt werden, sagt aber nichts über die Ursprungsgegend. Um den Anteil der verschiedenen russischen und österreichisch-ungarischen Länder an der Versorgung Deutschlands mit lebendem Geflügel einigermaßen kennen zu lernen, müssen wir die Eisenbahnstatistik hinzuziehen. Von den polnischen Gänsen abgesehen, wird wohl alles lebende Geflügel per Eisenbahn eingeführt.

Im Jahre 1903 wurden 10 881 602 Stück Geflügel vom Auslande per Eisenbahn nach Deutschland gebracht.[1]) Davon kamen:

32 % aus Ungarn,
23 % „ Polen,
13 % „ Galizien,
12 % „ Rußland,
11 % „ Italien,
4 % „ Böhmen.

[1]) Statistik der Güterbewegung auf deutschen Eisenbahnen, Berlin 1904, S. 405.

Im Jahre 1884 stammten von 653 338 Stück eingeführten lebenden Geflügels

51 % aus Italien,
22 % „ Böhmen.
14 % „ Polen,
11 % „ Rußland.

Wie wir sehen, sind Italien und Böhmen, die im Jahre 1884 als Lieferanten Deutschlands obenan standen, obschon sie heute absolut vier- und dreimal soviel Geflügel als im Jahre 1884 liefern, von Ungarn, Polen und Rußland überflügelt worden.

2. Innenhandel.

a) Eierhandel.

Um die großen Mengen von Geflügelprodukten, die alljährlich in Deutschland erzeugt und eingeführt werden, zu verteilen, bedarf es eines umfangreichen Handels. Die Hauptplätze des Eierhandels sind Berlin, Hamburg und Leipzig. Eine besondere Stelle nimmt Berlin durch seinen eigenen Bedarf und seine zentrale Lage ein.

Folgende Tabelle gibt die Eiermengen an, die durch die Eisenbahn nach und von Berlin in den Jahren 1880—1903 befördert wurden. Die Mengen, die in der unmittelbaren Umgebung von Berlin produziert und per Wagen eingeführt wurden, entziehen sich jeder Schätzung, werden aber neben den andern von keiner erheblichen Bedeutung sein.

Im Jahre 1880 war nur $^1/_6$ der in Berlin eingeführten Eier Inlandsware, 1882 nur $^1/_{10}$. 1880 repräsentierten die in Berlin eingeführten Eier 63 % der deutschen Eiereinfuhr, 1903 nur 23 %, der eigene Konsum Berlins dagegen im Jahre 1880 61 % und 1903 nur 22 %. Berlins Rolle als Stapelplatz für den Eierhandel beginnt mit dem Jahre 1870 und hört schon Ende der 70 er Jahre durch die Einführung des Eierzolls auf. 1903 waren nur für 1 529 891 Mk. Eier von Berlin ausgeführt worden, die Menge. dieser Eier machte nur 6 % der in Berlin eingeführte Eier aus

	Zufuhr	Abfuhr	Verbrauch
		in Schock = 60 Stück	
1880	2 580 000	57 000	2 523 000
1881	2 511 000	214 000	2 297 000
1882	2 765 000	299 000	2 466 000
1885	3 538 518	333 386	3 185 132
1886	3 915 052	459 902	3 455 150
1887	4 766 347	513 121	4 253 226
1888	5 564 180	731 206	4 832 974
1889	5 197 736	618 420	4 579 316
1890	5 676 012	737 538	4 938 474
1891	6 429 122	928 360	5 500 762
1892	6 165 479	884 525	5 280 956
1893	6 128 989	933 454	5 195 535
1894	6 598 430	892 647	5 705 783
1895	6 910 434	978 157	5 705 277
1896	7 065 640	642 759	6 422 891
1897	7 460 208	611 376	6 848 832
1898	7 371 424	538 391	6 833 033
1899	7 781 244	613 682	7 167 562
1900	8 074 832	688 556	7 386 276
1901	8 074 833	696 493	7 368 342
1902	7 996 522	613 237	7 383 285
1903	7 705 912	478 390	7 337 522[1])

Folgende Tabelle gibt den Verbrauch Berlins an Eiern im ganzen und pro Kopf der Bevölkerung an.

	Verbrauch: Stück	Bevölkerung[2])	Stück pro Kopf
1880	151 380 000	1 123 849	134
1881	137 820 000	1 158 559	118
1882	147 960 000	1 196 205	124
1885	191 107 920	1 196 665	145

[1]) Zahlen nach: Bericht über den Handel und die Industrie von Berlin, erstattet von den Ältesten der Kaufmannschaft von Berlin. Berlin 1881 ff. Vom Jahre 1902 an unter dem Titel: Berliner Jahrbuch für Handel und Industrie.

[2]) Statist. Jahrb. d. Stadt Berlin, 28. Jahrg. Berlin 1904.

	Verbrauch: Stück	Bevölkerung	Stück pro Kopf
1886	207 309 000	1 363 220	152
1887	255 193 560	1 414 969	180
1888	289 978 680	1 471 972	190
1889	274 758 960	1 528 681	180
1890	296 308 440	1 578 516	187
1891	330 045 720	1 606 617	205
1892	316 857 360	1 606 477	195
1893	311 732 100	1 640 994	190
1894	342 346 980	1 656 074	207
1895	355 936 620	1 678 924	212
1896	385 372 860	1 721 855	224
1897	410 863 920	1 756 398	234
1898	409 981 980	1 803 211	227
1899	430 053 720	1 846 207	233
1900	443 176 560	1 888 574	234
1901	442 100 520	1 899 003	233
1902	442 997 100	1 920 459	231
1903	433 651 320	1 955 910	222

Der Verbrauch Berlins (s. Tabelle S. 58 und graphische Darstellung Tab. III hat sich von 118 St. pro Kopf der Bevölkerung des Jahres 1881 auf 234 St. im Jahre 1897 erhöht, das bedeutet eine Steigerung von 98 %. Die Eiereinfuhr des deutschen Zollgebietes ist viel mehr gestiegen, von 5,2 St. pro Kopf im Jahre 1881 auf 29,6 St. im Jahre 1897 = eine Steigerung von 469 %. Eine plötzliche Preissteigerung wie im Jahre 1893 (s. graphische Darstellung Tab. IV) vermindert den Verbrauch. Es ist dieselbe Erscheinung wie im Jahre 1898. Dagegen steigert plötzliches Sinken der Preise wie in den Jahren 1891 und 1894 den Verbrauch. Diese großen Mengen von Eiern werden nicht alle zum menschlichen Genuß verwendet. Etwa 5 % der Ware kommt schon in Berlin verdorben an, von den anderen Eiern werden außerdem viele zu technischen Zwecken benutzt. Ein Teil der angegebenen Mengen wird auch in der Form von Eigelb eingeführt; dieses findet in der Fabrikation von Eierkognak, Eieröl, Nudeln, Margarine, Vogelfutter, Glacé- und Waschleder Verwendung. Das Eiweiß dient zur Farbenfixierung in der Kattunfabrikation und zur Herstellung photographischer Albuminpapiere und Porzellanklebemittel. Große Mengen Eiweiß werden auch von den Konditoreien, Weinhandlungen (zur Klärung der Weine) und Buchbindereien (zur Fixierung von Gold auf Leder) verbraucht.[1])

Die Engroshändler und Großdetailisten Berlins, die mit Eiern handeln, sind sehr gut organisiert. Seit dem Jahre 1882 ist unter der Berliner Kaufmannschaft eine aus sieben Korporationsmitgliedern bestehende ständige Deputation der Eierhändler unter dem Vorsitze eines Deputierten des Ältesten-Kollegiums tätig, die die Preisnotierungen vorzunehmen und die Gebräuche im Eierhandel festzustellen und zu formulieren hat. Aus ihrer Mitte bildet sich auch ein Schiedsgericht für Streitigkeitsfälle im Eierhandel. Außerdem gibt es an der neuerrichteten Berliner Handelskammer einen Ausschuß für Eierhandel. In Hamburg wurde im Jahre 1895 ein Verein Hamburger Eierimporteure gegründet, der als Zweck die Förderung der gemeinsamen Interessen beim Platzhandel hat. Dem Vereine gehörten 1903 sieben Firmen mit 295 Arbeitern an.[2])

Die Tabelle IV zeigt in graphischer Darstellung (vergleichend) die Bewegung der Preise im Groß- und Kleinhandel Berlins.[3]) Es sind Verhältniszahlen gegenüber dem Durchschnittspreise der Periode 1890—1899. Man kann ersehen, daß die Bewegung der Preise im Kleinhandel der im Großhandel im großen und ganzen folgt, daß aber die Schwankungen nicht so groß sind. Der Kleinhandel muß auf die Konsumenten Rücksicht nehmen; denn diese wollen einen konstanten Preis. Zu bemerken ist noch, daß in den letzten 5—6 Jahren die Preise nicht mehr so große Schwankungen aufweisen wie früher.

Die Tabelle V zeigt vergleichend darstellend die Bewegung der Preise im Jahre 1903 im Berliner Groß- und Kleineierhandel

[1]) H. Ost, Lehrb. der chemischen Technologie 5. Aufl., Hannover 1903, S. 586; Weidingers Warenlexikon der chemischen Industrie und der Pharmacie, Leipzig 1892, S. 25.

[2]) Verzeichnis der im Deutschen Reiche bestehenden Vereine gewerblicher Unternehmer, Berlin 1903, S. 401.

[3]) Großhandelpreise aus den Berichten d. Ältesten d. Kaufmannschaft usw. Kleinhandelpreise aus d. Zeitschrift d. kgl. preuß. Statist. Bureaus.

in Verhältniszahlen zum Jahresdurchschnittspreise. Man sieht daraus, daß die Eierpreise in Berlin 5 Monate über dem Jahresdurchschnitte waren. Hierbei zeigt sich ebenfalls, daß der Kleinhandel den Schwankungen des Großhandels zu folgen hat, daß er aber bemüht ist, sie womöglich abzuschwächen, und daß der Kleinhandel geringe Preisschwankungen des Großhandels nicht folgt.

Die Linie der Butterpreise nähert sich viel mehr der Horizontale, und es ist wohl kein anderes Nahrungsmittel, das bei einem Massenverbrauch so große Preisschwankungen binnen Jahresfrist aufweist, wie die Eier. Der Eierpreis ist im Laufe von 4 Monaten um 47 % (im Kleinhandel) gestiegen, im selben Jahre war der höchste Rindfleischpreis bloß um 4 % höher als der niedrigste, der Butterpreis um 6 %, der Schweinefleischpreis um 9 % und der Speckpreis um 12 %. Diese großen Preisschwankungen haben bewirkt, daß man dazu übergegangen ist, Eier zu konservieren. Bis jetzt haben nur die Händler eine Konservierung der Eier im großen Umfange vorgenommen. Versuche der Produzenten und Eierverkaufsgenossenschaften, Eier in kühlen Räumen aufzubewahren, um sie gut zu erhalten, liegen, wenn auch von gutem Erfolge begleitet, nur vereinzelt vor. Von den 2 Konservierungsmethoden, die in Gebrauch sind, wird das Einlegen der Eier in Kalkwasser schon seit lange in großem Maße verwendet, und 1883 wurden auf dem Berliner Markt 72 000 Schock Kalkeier abgesetzt. Im Januar 1903 wurden für Kalkeier im Großhandel 87 %, im Oktober bis Dezember 84 % des Preises für frische Eier bezahlt. Ob die Kalkeier im Stückhandel immer als solche verkauft werden, oder vielmehr die Händler stillschweigend sie als frische (d. i. nicht konservierte) Eier gelten lassen, bleibe dahingestellt, zumal auch nicht mit Sicherheit zu erkennen ist, ob ein Ei in Kalk eingelegt war oder nicht; manchmal bedarf es einer quantitativen Analyse der Eierschale, um dies festzustellen.[1]) Die Polizei hat sich genötigt gesehen, einzugreifen, und in manchen Städten gibt es Verordnungen, daß Kalkeier nur als solche verkauft werden dürfen.[2])

---

[1]) J. Rózsenyi, Chemische Zeitung 28. 1904, S. 620.

[2]) Polizeiverordnung von Breslau vom 1. Januar 1900, gedruckt in Berliner Markthallenzeitung Nr. 5 vom 16. Januar 1900.

Die zweite Methode, die im Einlegen der Eier in Kühlhäuser bei einer Temperatur von etwa 1° besteht, kam viel später zu Tage. Man muß auch dafür sorgen, daß zwischen den Eierkisten Platz für die Luftzirkulation bleibt, so daß eine Erhitzung durch die Wärme, die bei der Atmung der Eier erzeugt wird, nicht eintritt. Für 1000 Eier ist infolgedessen ein Raum von $^1/_4$ cbm erforderlich, und die Kosten für eine 6 monatliche Aufbewahrung belaufen sich 15 % des Eierpreises. Bei einer Marktpreissteigerung von 47 % ist die Aufbewahrung wohl rentabel. In Deutschland verbreitet sich diese Art der Konservierung von Jahr zu Jahr mehr. In den Verein. Staaten von Nordamerika wird sie seit langem in ausgedehntem Maße angewendet; im Jahre 1899 wurden 500 Millionen Eier in Kühlhäusern aufbewahrt, und allein in Chicago waren 169 Mill. Eier aufgespeichert. Die zur Konservierung von Eiern und Geflügel verwendeten Kühlräume waren in Amerika im Jahre 1900 um 500 % größer als im Jahre 1890 und umfaßten 250 Mill. Kubikfuß. Große Mengen von Eiern werden in den Kühlhäusern von New-Jersey für den New-Yorker Markt, in denen von Indianopolis für den Markt von Cincinnati und außerdem in St. Louis und Chicago aufbewahrt.[1]) Im Staate Maine hat man sogar ein Gesetz erlassen, daß der Verkauf von Kühlhaus-, Kalk- oder in irgend einer sonstigen Weise konservierten Eiern ohne genaue Bezeichnung mit einer Geldstrafe bis 100 Dollars oder Haft bis zu 30 Tagen bestraft wird.[2]) In Deutschland vermißt man ein solches Gesetz. In Berlin wird oft darüber geklagt, daß Hamburger Großhändler dort Kühlhauseier als frische Ware verkaufen. Dagegen ist allerdings der § 263 des Strafgesetzbuches, der Betrugsparagraph, anwendbar, aber dieser wird in solchen Fällen nicht immer herangezogen, weil es nicht immer möglich ist, die Betrugsrequisiten festzustellen.[3])

---

1) Twelfth censurs of the U. S. taken in the year 1900. Agric. Part. I. Census Reports Vol. V., Washingt. 1902, S. 226.

2) Laws of 1895, ch. 99, cit. in Report of the Industrial Commiss. on Agricult. and agricult. Labor. Doc. Nr. 180 of the house of Repres. 57th Congres Ist Sess. Vol. XI. Part. VI. S. 168.

3) Berliner Markthallenzeitung Nr. 42, 1902.

Was die Benennung „frische Eier“ anbelangt, so muß man sagen, daß diese im Handel immer für Kisteneier, meist Auslandseier, im Gegensatz zu „konservierten Eiern“ angewendet wird. Für ganz frisch gelegte (bis eine Woche) Eier hat sich der unzutreffende Ausdruck „Trinkeier“ eingebürgert. Im übrigen gibt es keine zuverlässige Methode, um das Alter der Eier sicher zu bestimmen. Das Durchleuchten mit Hilfe der Eierlampen gibt dafür wertvolle Anhaltspunkte. Die Verwendung des spezifischen Gewichtes, wie das bei der polizeilichen Kontrolle geschieht, zeigt nur an, ob die Verdunstung groß oder klein war, und diese hängt von der Art der Aufbewahrung, dem Feuchtigkeitsgehalte, der Temperatur und der Bewegung der Luft im Aufbewahrungsraume ab. Für die Haltbarkeit der Eier spielt auch die Porösität der Schale und das Futter der Hühner eine große Rolle. In Wasser gelegte Eier sind schwer, und alte Eier saugen Wasser ein, wenn sie in Wasser gelegt sind; das ist auch, abgesehen von der Umständlichkeit, ein Grund gegen den vorgeschlagenen Verkauf der Eier nach Gewicht. Man würde die Eier in Wasser legen, um sie schwerer zu machen. Die Verdunstung schadet auch nicht, nur darf das Ei keine anderen Umwandlungen in der Zusammensetzung erleiden. Der Versuch der hannoverschen Eierverkaufsgenossenschaften, den allgemeinen Verkauf der Eier nach Gewicht einzuführen, ist gescheitert. Vorläufig gibt es eine ganze Reihe von Genossenschaften, die die Eier zwar von den Mitgliedern nach Gewicht annehmen, aber sie nach Stückzahl absetzen.

b) Geflügelhandel.

Der deutsche Handel mit lebenden Geflügel hat auch beträchtlich zugenommen. Im Jahre 1883 wurden auf deutschen Eisenbahnen 2 607 382 Stück Geflügel[1]) befördert, 1902 dagegen 10 mal so viel, nämlich 26 292 000 Stück. Es ist aber eine Verschiebung eingetreten, während im Jahre 1884 81 % des transportierten Geflügels im Inlandsverkehr und nur 19 % vom Auslande

[1]) Zahlen aus: Statistik der Güterbewegung auf deutschen Eisenbahnen. Verschiedene Jahrgänge.

befördert wurden, betrug im Jahre 1901 die Inlandsware nur 53 % und 1902 sogar nur 45 % des überhaupt transportierten Geflügels. Das zeigt, daß der Konsum ausländischen Geflügels viel schneller gestiegen ist und — wenigstens in den Städten — den Konsum inländischer Ware übertrifft. Im Jahre 1902 wurden nach Berlin 5 935 448 Stück lebendes Geflügel per Eisenbahn befördert, das ist 23 % der in Deutschland beförderten Mengen. Von Berlin aus wurden 1 701 199 Stück versandt. Der Konsum Berlins betrug 3 234 249 Stück = 2,2 pro Kopf der Bevölkerung. Im Jahre 1884 belief sich der Konsum auf nur 0,5 Stück pro Kopf.

Im Gänsehandel nimmt Berlin eine sehr wichtige Rolle ein. Es werden jährlich in und bei Berlin über 3 Mill. Gänse gehandelt.[1]) Die Saison erstreckt sich auf August bis Oktober, die Geschäfte beginnen indessen schon am 1. Juni. Früher kamen die Gänsetransporte auf dem Bahnhofe Rummelsburg an, seit Eröffnung der Magerviehhöfe der Zentrale für Viehverwertung in Friedrichsfelde werden die Eisenbahnwaggons, die Gänse enthalten, dorthin befördert. Der Magerviehhof enthält einen Gänsemarktplatz, welcher 200 m lang und 100 m tief ist, und in den teils offenen, teils gedeckten Buchten können 40 000 Gänse auf einmal untergebracht werden. In der Hochsaison kommen täglich 30—40 000 Gänse an. An jedem Wochentage findet ein Markt statt. Die meisten Gänse stammen aus Rußland und werden für Rechnung der russischen Großexporteure von Kommissionären verkauft. Der größte Teil davon wird von den großen Gänsemästereien, nur ein kleiner Teil wird von Kleinhändlern gekauft. Diese fahren dann mit einem Wagen voll Gänse in der Umgebung Berlins herum, und wenn sie eine Ladung abgesetzt haben, kehren sie nach 2—3 Tagen nach Friedrichsfelde zurück und kaufen neue Gänse. Die Zentralisation des Gänsehandels am Magerviehhofe, wo auch Isolierbuchten und ein Seuchenhof vorhanden sind, erleichtert die tierärztliche Kontrolle ungemein und vermindert dadurch die Infektionsgefahr für die heimische Ge-

[1]) Rede des Landesökonomierates Ring bei Eröffnung des Magerviehhofes. Gedruckt in der Landw. Presse Nr. 88 1903.

flügelhaltung. Im Jahre 1903 wurden daselbst 2 036 000 Gänse, 1904 nur 1 850 000 Gänse umgesetzt.[1])

Über die Art und Weise, wie der Ankauf und Verkauf von lebendem Geflügel auf dem Lande sich vollzieht, haben die Untersuchungen des Vereins für Sozialpolitik über die Lage des Hausiergewerbes in Deutschland manches Interessante festgestellt.[2]) Eine solche eigenartige Erscheinung ist der Gänsehandel im Umherziehen im Königreiche Sachsen, der fast ausschließlich von Angehörigen der Gemeinde Satzung bei Marienberg, nahe der böhmischen Grenze, getrieben wird.[3]) Die Einwohner des Dorfes, die wegen ungünstiger Klima- und Bodenverhältnisse nicht von der Landwirtschaft leben können (700 m über dem Meere), beschäftigten sich im Mittelalter mit dem Fuhrgeschäft, später kamen sie auf den Hausierhandel, erst mit Spitzen und dann von 1840—1875 mit Bettfedern. Als dieser Artikel nicht mehr verlangt wurde, versuchten im Jahre 1878 8—10 Händler nach dem Beispiele der Böhmen des benachbarten Grenzstädtchens Sebastianburg, Gänse in Böhmen aufzukaufen, um sie in Sachsen abzusetzen; diese Gänse waren aber den sächsischen Bauern zu teuer. 1879 gingen die Satzunger dazu über, russische Gänse zu kaufen, was schon früher die Hausierer des Tieflandes getan hatten. 1881—1882 wurden nur wenig böhmische Gänse gehandelt. Heute werden nur russische Gänse von den Satzungern verkauft, denen es nicht möglich ist, die Ware in Rußland selbst aufzukaufen, weil sie die Sprache und Verhältnisse nicht kennen, sie müssen die Gänse von russischen Händlern kaufen, und weil der Transport weit ist, können sie die Ware nicht selbst vertreiben. So haben sich drei Gruppen von Händlern gebildet: Russische Aufkäufer, Satzunger Großhändler und Satzunger Kleinhändler, die die Ware vertreiben.

Der Großhändler fährt Mitte oder Ende Juli nach Myslo-

---

[1]) Nach gütigen Mitteilungen der Viehverwertungsstelle.

[2]) Untersuchungen über die Lage des Hausiergewerbes in Deutschland, Leipzig 1898, 1899, IV S. 36, 37, 283, V S. 151, 152, 218.

[3]) Für folgende Darstellung wurde der umfangreiche Bericht über den Hausierhandel der Satzunger von Dr. Kurt Kunze, „Untersuchungen über die Lage des Hausiergewerbes" III, 1—180 benutzt.

witz oder Wilhelmsbrück und tritt dort mit dem russischen Aufkäufer in Verbindung, dieser bringt ihm die Gänse über die Grenze, und diese werden zu 1200 Stück pro Wagen in der ersten preußischen Station verladen. Dann telegraphiert er den Kleinhändlern, und diese fahren an die Ankunftsstation, die so gewählt ist, daß es in der Nähe Wasser gibt, wohin die Gänse getrieben werden können, um sie von all dem Schmutz und Staub zu befreien und ihnen ein verlockenderes Aussehen zu geben. Nach der Fütterung bekommt jeder Händler eine Herde, meist 200 Gänse groß, seltener bis 300, so daß gewöhnlich sechs Kleinhändler eine Wagenladung teilen und sich über die Route, die jeder einzuschlagen hat, einigen. Jeder hat seinen Treiber bei sich, und sie treiben die Gänse womöglich auf Stoppeln, um weniger Körner verfüttern zu müssen. In einem Dorfe angelangt, zieht der Treiber mit der Herde durch die Hauptstraße, so daß die Leute seine Ankunft wahrnehmen. Der Händler geht von Haus zu Haus, die alte Kundschaft aufsuchend; und in 4—5 Tagen ist die Herde verhandelt. Die Käufer sind Bauern, aber auch Handwerker und Lohnarbeiter, besonders die Weber in der Gegend von Glauchau, Crimmitschau; der Preis ist 3—3,40 Mk. Dann geht der Kleinhändler wieder auf eine Ausladestation und bekommt von einem ankommenden Transport eine neue Herde. Der Großhändler bleibt nur an der Grenze, wenn er einen Kompagnon hat, der das Ausladen besorgt. Gewöhnlich nimmt er nur die ersten Einladungen vor und kommt dann nach Sachsen und besorgt selbst das Ausladen; für spätere Bestellungen steht er mit den russischen Händlern — meist nur mit zweien — in telegraphischer Verbindung. Diese russischen Großhändler, die sehr kapitalkräftig sind und in wenigen Händen die ganze polnische Gänseproduktion monopolisiert haben, gewähren den Satzungern Kredit, und diese sind dadurch von den Russen abhängig. Die Kleinhändler sind wieder von den Großhändlern, die ihnen Kredit geben, abhängig.[1])

In Satzung gibt es etwa 20 Großhändler, und die Zahl der im Gänsehandel Beschäftigten ist etwa 400. Wenn man bedenkt,

[1]) Kurt Kunze a. a. O., Wanderhandel mit Gänsen S. 85.

daß das Dorf im Jahre 1900 1430 Einwohner hatte, sieht man, daß die ganze Bevölkerung am Gänsehandel interessiert ist und davon lebt, obwohl man im Dorfe selbst lange Zeit nach einer Gans suchen muß. Der Rohverdienst ist pro Stück 20 Pfg. für den Groß- und 20 Pfg. für den Kleinhändler, so daß der Rohverdienst pro Waggon 240—300 Mk. beträgt und pro Herde 40—50 Mk. Der Lohn für den Treiber — meist hilft die Frau des Händlers selbst — ist 10 Mk. wöchentlich und freie Station. Ein Händler dürfte pro Saison etwa 200 Mk. verdienen.[1])

c) Federhandel.

Die große Bedeutung, die dem Handel mit Gänsen für die Satzunger heute zukommt, hatte um die Mitte des vorigen Jahrhunderts der Hausierhandel mit Bettfedern. In Sachsen war im 17. Jahrhundert der Handel mit Bettfedern in den Händen der Juden. Da diese nicht nur mit ehrlichen und erlaubten Mitteln arbeiteten, sah sich 1682 der Kurfürst Johann Georg III., um eine Kontrolle zu ermöglichen, genötigt, in der Judenordnung für Leipzig zu bestimmen, daß „die Juden, die nur mit Federn handeln, sollen ihre ordentlichen Gewölbe haben“ und sonst den Juden den Bezug von Federn streng zu verbieten. Es waren schon damals nicht nur inländische Juden, sondern auch solche aus Prag, Komotau und Eidlitz, die böhmische Federn nach Sachsen einführten.[2]) Auf der Messe in Frankfurt a. d. Oder waren es die polnischen Juden, die große Mengen polnischer Federn verkauften. Noch bis gegen Ende des 18. Jahrhunderts waren Prag und Naumburg die Hauptzentren des Federhandels. Auch gab es zahlreiche Federmärkte, so zu Lommatzsch bei Meißen am 29. November.[3])

Im Jahre 1750 wurde in Sachsen der Hausierhandel mit einer Reihe von Waren, darunter auch Federn „allen Ausländern

---

[1]) Nach Mitteilungen des Gemeindevorstandes auf diesbezügliche Anfrage hin.

[2]) Kurt Kunze, ebenda S. 65.

[3]) Neu eröffnete Akademie der Kaufleute oder encyclopädisches Kaufmannslexikon von C. G. Ludovici, umgearb. von J. Chr. Schedel, Leipzig 1798, Artikel „Feder“ S. 1604.

und Untertanen“ verboten. Gesundheitspolizeiliche Gründe müssen dabei mitgewirkt haben. Das Verbot dauerte beinahe 90 Jahre und wurde erst 1837 nur für den Kreisdirektionsbezirk Zwickau aufgehoben. Die Satzunger, deren Spitzenhandel zurückgegangen war, gingen zum Federhandel über und erhielten im Jahre 1841 das Sonderrecht, in ganz Sachsen Federn zu verkaufen; so kam es, daß damals alle Leute in Satzung vom Federhandel lebten. Gegen 1875 fing er aber an einzugehen, und heute führen nur noch 25—30 Satzunger Kaufleute auch Federn neben anderen Waren, aber auch die umgesetzten Mengen haben stark abgenommen. Früher wurden 2 Ztr. böhmische Federn auf einer Schiebkarre gefahren, heute nimmt der Hausierer nur noch 20—50 Pfund mit in einem Sacke. Die Saison ist kurz vor Ostern und dann wieder zwischen Ostern und Pfingsten, vielleicht weil in dieser Zeit die meisten Eheschließungen stattfinden. Aber auch dieser Federhandel ist im Verschwinden begriffen, und die Händler führen die Ware nur noch der alten Kundschaft zu. Die Verhältnisse sind heute andere, die Hausierer können nicht mehrere Qualitäten führen, sie müssen sich auf bessere Ware beschränken. Diese ist aber zu teuer für die Arbeiterfrauen, welche sich billiger und besser in Abzahlungsgeschäften versorgen können.[1])

Heute ist die Organisation des Federhandels eine ganz andere. Die Federn werden in den Mästereien und auf dem Lande von besonderen Geschäften aufgekauft. Diese besorgen die Reinigung und Sortierung mit Hilfe komplizierter Maschinen. Es werden Daunen, Halbdaunen, Bettfedern verkauft. Die Stiele und Schwungfedern werden bei Kartonnagenfabriken abgesetzt und von diesen zu Zigarrenspitzen verarbeitet. Einige Schwungfedern werden sogar für Hutschmuck benutzt. Den Detailhandel mit Bettfedern besorgen heute die großen Möbel- und Ausstattungsgeschäfte, die Wäsche- und Weißwarenhandlungen.[2])

---

[1]) Kurt Kuntze a. a. O. S. 64.

[2]) H. Wesemann, Die Gänsemast. Deutsche landw. Presse Nr. 71, 1903.

C. Maßnahmen zur Hebung der deutschen Geflügelhaltung.

Die immer wachsenden Geldbeträge, die alljährlich für Geflügelprodukte ins Ausland gehen, haben die deutschen Regierungen und die landwirtschaftlichen Vertretungen veranlaßt, Maßregeln zur Hebung und Förderung der Geflügelproduktion zu treffen.

Besonders in Preußen ist viel seitens des Staates geschehen. Auf Veranlassung des Kaisers hat der Landwirtschaftsminister von Podbielski wiederholt die Aufmerksamkeit der Landwirtschaftskammern auf das Gebiet der Geflügelzucht gelenkt, der preußische Etat weist seit 1899 jedes Jahr gewisse Summen auf, die zu diesem Zwecke den Landwirtschaftskammern zur Verfügung gestellt werden. Im laufenden Etatsjahr sind dafür 130 000 Mk. vorgesehen. Der Minister hat auch Sachverständige nach Dänemark, Belgien und Frankreich gesandt, die die Geflügelzucht dieser Länder an Ort und Stelle studiert haben. Die Berichte [1]) zeigen, daß die Überlegenheit dieser Länder nicht in der besseren Technik der Produktion, sondern vielmehr in der Besitzverteilung dieser Länder und in ihren Siedelungsverhältnissen beruht. Bei Italien und Frankreich wird auch das mildere Klima dazu beitragen.[2])

Auch die deutsche Landwirtschaftsgesellschaft ist der Bewegung nicht fern geblieben. Es besteht ein Sonderausschuß für Geflügelzucht, und auf den Wanderausstellungen der Gesellschaft finden öffentliche Versammlungen der Geflügelzüchter statt.

Alle haben sich bemüht, für die Förderung der Geflügelhaltung etwas zu tun. Man hat früher nicht immer den richtigen Weg eingeschlagen und ist Jahrzehnte lang weit vom Ziele entfernt gewesen. Das heutige Geflügelzuchtvereins- und Geflügelausstellungswesen, die miteinander im engsten Zusammenhange stehen, sind ein Beispiel dafür.

---

[1]) Veröffentlicht in den Mitteilungen der Deutschen Landwirtschaftsgesellschaft und in der Deutschen landw. Presse.

[2]) vgl. S. 47 ff.

1. Geflügelausstellungswesen.

Um die Mitte des vorigen Jahrhunderts begann in Deutschland die Sportgeflügelhaltung nach englischem Muster eine große Verbreitung zu finden, und zahlreiche Geflügelzuchtvereine wurden gegründet (der erste im Jahre 1853 von Robert Oettel in Görlitz). Diese Vereine veranstalteten Ausstellungen sowohl in den großen Städten als auch in den kleinsten Ortschaften. Die Regierungen, landwirtschaftliche Vertretungen und Vereine beeiferten sich, diese Ausstellungen durch Staatsmedaillen, Geldprämien, Genehmigung von Lotterien und Transportbegünstigungen zu unterstützen. Heute gibt es in Deutschland etwa 1200 solcher Vereine. Nimmt man eines der vielen Sportgeflügelblätter zur Hand, so liest man immer von einer ganzen Reihe Geflügelausstellungen, die zu allen Jahreszeiten in großer Menge stattfinden. Auf diesen Ausstellungen werden diejenigen Tiere (meist nur ein Hahn und eine Henne) mit Preisen bedacht, die die vorgeschriebenen Rassenmerkmale aufweisen, so daß über Farbe der einzelnen Federn und sogar der Augen gestritten wird. Nie wird aber nach dem wirtschaftlichen Nutzen, den die Tiere bringen, gefragt. Wenn diese Vereine mit den Ausstellungen nur das bezweckten, den Städtern eine unschädliche Liebhaberei beizubringen, so würde das keinen Nachteil bringen, aber durch eine ungeheure Reklame überzeugt man die Landwirte, daß diese Tiere — Rassetiere genannt — ihren Hühnerbestand zu verbessern imstande wären. Die Landwirte bezahlen dafür schweres Geld, oder die Tiere finden durch Lotterien Verbreitung, — gleichviel — sie kommen in den Hühnerstall der Landwirte und bewirken, daß auf dem Lande, meist auf demselben Hof, die verschiedensten Rassen nebeneinander gehalten werden und dadurch Kreuzungen entstehen, die den Eierertrag erheblich herabsetzen. Es gibt ja 50—60 Hühnerarten, die durch diese Ausstellungen in ganz Deutschland bis in das kleinste Dorf verbreitet sind. Zu welchen Auswüchsen das heutige Geflügelausstellungswesen geführt hat, zeigt die Tatsache, daß dieselben Tiere nacheinander auf eine ganze Reihe von Ausstellungen geführt werden. Nicht selten hat der Aussteller die Tiere kurz vor der Ausstellung gekauft, sogar bloß für die

Ausstellungsdauer geborgt,[1]) um eine Prämie zu bekommen und dann das rentable Geschäft mit Verkauf von teuren Rassetieren und Bruteiern zu betreiben. Solche Tiere zur Zucht zu verwenden, ist geradezu verhängnisvoll, weil die Tiere, aus ganz neuen Kreuzungen entstanden, eine große Variabilität in der Nachkommenschaft aufweisen und weil bei deren Züchtung und Paarung zahlreiche Kunstgriffe angewendet werden, die nur den Zweck haben, mit erlaubten und unerlaubten Mitteln die Standardmerkmale zu erreichen.[2]) Dieselben Übelstände wurden auch in England hervorgehoben, und es wird auch dort über den Schaden, den das Sportgeflügelwesen der Nutzgeflügelhaltung zugefügt hat, geklagt.[3])

Jetzt fängt man glücklicherweise an, auch in leitenden Kreisen über diesen großen Übelstand sich klar zu werden, und es ist sehr erfreulich, daß der preuß. Landwirtschaftsminister einzugreifen sich entschlossen hat. Er hat sich mit einem Runderlasse an die landwirtschaftlichen Kammern gewendet und diese zur Prüfung einer Reihe von Maßnahmen aufgefordert, die dazu bestimmt sind, die Mißbräuche und schädigenden Wirkungen des Geflügelschauwesens zu beseitigen. Durch Vorenthaltung von Staatsprämien, Versagen der Genehmigung von Lotterien und der Bewilligung von Transportbegünstigungen (frachtfreier Rücktransport der Tiere) soll die Veranstaltung von Geflügelausstellung in der Brutperiode (Mitte März bis Ende Mai) erschwert, sogar unmöglich gemacht werden.

Lotterien in Verbindung mit Ausstellungen sollen nur unter der Bedingung gestattet werden, daß die zur Verlosung kommenden Tiere ausschließlich Schlägen angehören, die von der Landwirtschaftskammer für das betreffende Gebiet als geeignetes Nutzgeflügel anerkannt sind.

Ferner sollen dieselben Tiere innerhalb eines Jahres auf Schauen gleichen Grades nicht wiederholt mit Staatspreisen be-

---

[1]) W. Cremat, Wie Milliarden in der deutschen Landwirtschaft verloren werden, Berlin 1903, S. 11.

[2]) vgl. W. Cremat a. a. O. S. 14 ff.

[3]) The quarterly review. London January 1905 S. 182 f.

dacht und auf Ausstellungen nur Tiere ausgestellt werden, die mindestens 2 Monate im Besitze des Ausstellers sind.[1])

Es wäre nur wünschenswert, daß diese Maßregeln in Kraft treten und daß auch die anderen Bundesstaaten diesen Weg einschlagen.

Auf welche Schwierigkeiten eine Gesundung auf diesem Gebiete stößt, beweisen die Wanderausstellungen der Deutschen Landwirtschaftsgesellschaft.

Im Jahre 1889 wurde das Geflügel in die Ausstellung aufgenommen,[2]) aber es dauerte bis 1897, bis zur Hamburger Ausstellung, ehe man sich entschloß, auch Sammlungen auszustellen, nicht nur einen Hahn und eine Henne. Erst 15 Jahre nach der ersten Geflügelausstellung wurde der Nutzgeflügelhaltung Rechnung getragen, indem die Klasseneinteilung nicht nach äußeren Merkmalen, sondern nach den wirtschaftlichen Eigenschaften geschah.

Die neue Ausstellungsordnung, die vom Sonderausschuß für Geflügelzucht im Februar 1904 angenommen wurde, stellt vier Hauptklassen vor:

1. Leichte Legehühner, geeignet für freien Auslauf,
2. schwerere Legehühner, geeignet für beschränkten Auslauf,
3. Legehühner ganz schweren Schlages, für beschränkten Auslauf und auch zur Mast verwendbar,
4. ausgesprochene Masthühner.[3])

Bei einer solchen Einteilung dient die Ausstellung auch zur Belehrung und Anregung des Landwirtes, der sich dort die Rasse auswählen kann, welche für seine Verhältnisse paßt, während durch die übliche Einteilung nur eine gegenseitige Abwägung der züchterischen Leistung der Aussteller veranlaßt wird.

Die Geflügelabteilung der Danziger Wanderausstellung enthielt 130 Nummern, davon waren aber nur 45 von Landwirten und 85 von Nichtlandwirten — darunter von Angehörigen aller

---

[1]) Runderlaß, veröffentlicht in der D. landw. Presse Nr. 5 v. 18. 1. 1905.

[2]) Berthold Wölbing, Der erste Rundgang der Landwirtschafts-Wanderausstellungen in Deutschland, Berlin 1899, S. 71.

[3]) G. Hartmann, Bericht: Grundsätze für die Schauordnung der DLG. Jahrbuch der DLG. Bd. 18, 1903, S. 313.

möglichen Berufe — Lokomotivführern, Photographen, Malern und Bäckermeistern beschickt.[1])

Daß aber für die Landwirte ganz andere Gesichtspunkte als für diese Liebhaber bei der Geflügelzucht in Betracht kommen, liegt auf der Hand. Und wenn es sich so auf der Ausstellung der Deutsch. Landw. Gesellschaft verhält, kann man sich vorstellen, welche wenig vorteilhafte Rolle die landwirtschaftliche Geflügelzucht auf anderen Ausstellungen, die von Sportvereinen veranstaltet werden, spielt.

Wie wenig die Geflügelzuchtvereine mit der Nutzgeflügelhaltung und insbesondere mit der landwirtschaftlichen Geflügelhaltung zu tun haben, beweist auch die Tatsache, daß von den 134 Vereinen je mit 5—152 Mitgliedern insgesamt 7471 Mitglieder, die 1900 dem Landesverbande sächsischer Geflügelzuchtvereine angehörten, bloß acht Vereine einen Landwirt als Vorsitzenden hatten und von den fünf Kreisvereinsvorständen nur einer Landwirt war.[2]) Im Jahre 1902 waren in Sachsen schon 159 Geflügelzuchtvereine mit 8607 Mitgliedern vorhanden.

Es gibt jedoch auch Geflügelzuchtvereine, die sich um die Nutzgeflügelzucht verdient gemacht haben, wie die der Provinz Hannover, welche den gemeinschaftlichen Eierverkauf anregten, aber diese bilden leider die Ausnahme.

2. Tarifwesen.

In den Kreisen der Landwirte wurde oft nach Förderung der Geflügelzucht durch den Staat durch Ermäßigung der Eiertransporttarife und durch Erhöhung des Schutzzolles verlangt. In Baden ist in der Tat seit dem 10. August 1902 in dieser Beziehung eine Begünstigung für alle landwirtschaftlichen Erzeugnisse eingetreten.[3]) Es werden auch Eier mit den dazu bestimmten Personen- und Schnellzügen, gegen Bezahlung der

---

[1]) Keiser, Bericht: Geflügel. Die 18. Wanderausstellung Danzig, Jahrb. d. DLG. 1904, S. 328 ff.

[2]) Jahresbericht über die Landwirtschaft im Königreich Sachsen f. d. Jahr 1900, herausgegeben v. d. Landeskulturrat f. d. Königreich Sachsen, Dresden 1901, S. 236.

[3]) Nachrichten v. deutschen Landwirtschaftsrat 7. Jahrg. 1902 S. 206.

Fracht nach den Sätzen für die allgemeine Stückgutklasse, als Expreßgut befördert, soweit das Gewicht des einzelnen Frachtstückes 25 kg nicht übertrifft. So kommen die Eiersendungen am selben Tage oder am nächsten Vormittage am Bestimmungsorte zur Abgabe. Bis zur Entfernung von 142 km kostet die Fracht: bis 5 kg 0,25 Mk., bis 20 kg 0,30 Mk., bis 30 kg 0,50 Mk. Diese Ermäßigung kommt auch den Genossenschaften zugute. Diese haben ihre besten Abnehmer in den Gastwirten und Hotelbesitzern der Sommerkurorte. Auch in Württemberg bestehen Ermäßigungen dieser Art.

Die preußische Eisenbahnverwaltung hat dagegen die Gesuche um Tarifermäßigung für Eier mit dem Hinweise abgelehnt, daß eine solche nicht nur der inländischen Produktion zugute kommen würde und vielmehr die ausländischen Eierhändler den Nutzen davon haben würden. Betragen doch die Inlandseier nur 5 % der nach Berlin beförderten Mengen. Es wurde aber auf dem Wege der Dienstvorschriften geholfen. Man ermöglichte die Abfertigung der Eier auch außerhalb der festgesetzten Dienststunden und bestimmte gewisse Züge im Einvernehmen mit den Interessenten zur Beförderung von Eiern; auch die Auslieferung wurde vereinfacht. Die Eierkisten werden bei Rücksendungen nur mit der Hälfte des Gewichts berechnet. Es werden außerdem Eier im Abonnement befördert, dies kommt aber nur für größere Produzenten und Genossenschaften in Betracht, weil der Versand täglich erfolgen und die Fracht für mindestens 1000 kg monatlich bezahlt werden muß.[1])

3. Schutzzoll.

Bis zum Jahre 1870 gingen die Eier in Deutschland zollfrei ein. Der Schutzzolltarif vom Jahre 1879 setzte einen Zoll von 3 Mk. pro dz. Eier ein (30 Mk. pro dz. nichtlebenden Geflügels, 6 Mk. pro kg gereinigter Bettfedern). Seit dem 1. Februar 1892 betrugen diese Zölle den Handelsverträgen gemäß nur 2 Mk. für Eier und 12 Mk. für nichtlebendes Geflügel.

Als es die Handelsbeziehungen für eine neue Periode von

---

[1]) Deutsche landw. Genossenschaftspresse 1902 S. 187.

12 Jahren regeln hieß, verlangte 1901 der deutsche Landwirtschaftsrat folgende Zollsätze: für Eier 37,50 Mk., für Federvieh 25 Mk., für geschlachtetes Federvieh 50 Mk., für gespicktes Federvieh 75 Mk., für Eigelb 87,50 Mk. pro dz.[1]) Durch das Zolltarifgesetz vom 25. Dezbr. 1902 wurden in der Tat die bisherigen Zollsätze für Geflügelprodukte erheblich erhöht, und zwar für Eier von 2 Mk. auf 6 Mk., für Eigelb sogar auf 8 Mk., für Gänse auf 0,70 Mk. pro Stück, sonstiges Federvieh lebend 6 Mk. pro dz., geschlachtet 30 Mk., gespickt 60 Mk., zubereitet 75 Mk., Bettfedern, auch gereinigte, 2 Mk. pro kg.

Durch die neuen Handelsverträge wurden aber die Dinge wieder wie sie waren, was die Eier, Gänse und Bettfedern betrifft. Das lebende Federvieh wurde aber mit 4 Mk. pro dz. belegt und der Zollsatz für geschlachtetes Geflügel von 12 Mk. auf 14 Mk. pro dz. d. i. um 17 % erhöht. (Der Butterzoll ist um 25 % erhöht.) Die Erläuterungen, mit denen die Norddeutsche Allgemeine Zeitung[2]) die Veröffentlichung der neuen Handelsverträge begleitete, sagen, daß die Gänse-, Eier- und Bettfedernsätze Verhandlungsobjekte waren, und was die Eier betrifft, die Deckung des umfangreichen Massenbedarfs im Inlande bei der Intensität der deutschen Landwirtschaft wohl nicht möglich, jedenfalls nur unter Preisgabe anderer erstrebenswerter Ziele (Getreideproduktion) möglich gewesen wäre. Für die Zollfreiheit der lebenden Gänse hätte die entwickelte Mästungsindustrie, die gerade der ärmeren Bevölkerung lohnende Beschäftigung bietet, gesprochen.

Die neuen Vertragssätze erscheinen um so angemessener, wenn man bedenkt, daß die Bedingungen für die Massenproduktion der Gänse in Deutschland sehr ungünstig geworden sind, daß die Gans dagegen von jeher eine wichtige Rolle in der Ernährung der Bevölkerung einnimmt. Die Gans ist auch dasjenige Haustier, welches neben dem Schweine am vollkommensten ausgenutzt werden kann, und von allen Geflügelarten liefert die Gans die größte Masse Fleisch und ist bei dem

---

[1]) Archiv d. dtsch. LandwRats 26. Jahrg., Berlin 1902, S. 227 u. 228.
[2]) Sonderbeilage Nr. 26 vom 31. Januar 1905.

verhältnismäßig niederen Preis auch den weniger Bemittelten zugänglich. Die Hühner dagegen, die in der Hauptsache bei dem mit Zoll belegten sonstigen Federvieh in Betracht kommen, sind wegen der leichteren Verdaulichkeit ihres Fleisches, trotz höherer Preise, von den besser situierten Klassen bevorzugt, so daß eine Verteuerung hier viel unbedenklicher als bei den Gänsen erscheint. Dazu kommt auch der Umstand, daß die Produktion des Fleischhuhnes in Deutscland nicht nur möglich, sondern auch von sehr großer Bedeutung wäre, weil die arme Bevölkerung der Holzdörfer in den Landgegenden dadurch eine neue Einnahmequelle gewinnen würde. Diese hätte die Rohware, das 5 bis 6 Monate alte Fleischhuhn, die heute aus dem Auslande — Ungarn, Italien — bezogen wird, den Mästereien auszuliefern. Ob der Schutz genügend ist, muß man bezweifeln; die lebenden Haushühner sind in der Einfuhrstatistik mit dem Werte 100 Mk. und darüber angesetzt (pro dz.), das macht einen Zoll von 4 % ad valorem.

Was den Eierschutzzoll betrifft, so haben diejenigen, die auf die Vereinigten Staaten von Nordamerika hinweisen, welche infolge des hohen Eierzolles (5 Cts. pro dz.) imstande waren die Eiereinfuhr, bis auf kleine aus Kanada im Grenzgebiete bezogene Eiermengen (1901 nur 126520 dz.), einzuschränken, nicht berücksichtigt, daß die Siedelungsverhältnisse in Amerika ganz andere sind, der Boden dort viel billiger und das Körnerfutter in Deutschland viel teurer ist.

Auch Sachverständige erklären, daß in Deutschland auch bei hohem Schutzzoll von einer Deckung des Eierbedarfs durch die inländische Produktion nicht die Rede sein kann, da die Einfuhr 40—42 % der deutschen Produktion beträgt.[1]) Durch einen hohen Zoll würde der Konsum leiden, ohne jeglichen Nutzen für die Produzenten, weil die Eier einen Artikel bilden, der bei zu hoher Preissteigerung von anderen Gegenständen im Massenverbrauch leicht verdrängt wird.

---

[1]) vgl. Begründung zu dem Entwurf eines Zolltarifgesetzes. Zu Nr. 373 (A) der amtl. Drucksachen d. Reichstages, (10. Leg.-Periode II. Sess. 1900/1902) S. 127.

4. Mustergeflügelanstalten. — Bäuerliche Mustergeflügelhöfe.

Die Landwirtschaftskammern haben durch Unterstützung schon vorhandener privater Mustergeflügelanstalten oder durch Bildung eigener solcher Anstalten den richtigen Weg eingeschlagen. Diese sollen Anregung und Anleitung für eine rationelle Geflügelhaltung geben und Versuche mit verschiedenen Hühnerrassen anstellen, um zu ermitteln, welche sich für die lokalen Verhältnisse am besten eignen. Sie sollen auch Bruteier zu angemessenen, festgesetzten Preisen liefern. Eine der bestgeleiteten Anstalten dieser Art ist diejenige der Landwirtschaftskammer für die Provinz Sachsen in Halle-Cröllwitz unter Leitung Beecks. Die Landwirtschaftskammer für die Provinz Brandenburg hat eine eigene Anstalt in Mahlsdorf. Die Kammern für die Provinzen Westfalen und Hessen-Nassau gewähren Subventionen an die Privatanstalten in Hovedissen und Wächtersbach. Die Kammer für die Rheinprovinz hat in Neuß eine Mustergeflügelanstalt, verbunden mit einer Lehranstalt für Geflügelzucht. Die meisten dieser Anstalten halten auch Kurse für praktische Landwirte ab. 1 oder 2 Wochen lang werden die Teilnehmer an den Kursen im Füttern und in der Pflege des Geflügels unterrichtet und hören Vorträge. Außerdem haben beinahe alle Landwirtschaftskammern die Geflügelzucht zum Gegenstande der Tätigkeit ihrer Wanderlehrer gemacht, und einige halten dafür besondere Wanderlehrer.[1])

Eine Maßnahme, die sich am besten bewährt hat, ist die Gewährung von Beihilfen seitens der Landwirtschaftskammern an bäuerliche Mustergeflügelhöfe, in denen die Geflügelhaltung in innigster Verbindung mit dem landwirtschaftlichen Betriebe steht und nach entsprechend vorgeschriebenen Bedingungen getrieben wird. Diese Geflügelhöfe dienen als Vorbild für die bäuerlichen Einrichtungen, und die Besitzer verpflichten sich, auf die Dauer von 3 Jahren nach den aufgestellten Bestimmungen zu verfahren und auf Nachfrage im Frühjahre bis zum 15. Mai Bruteier zum Höchstpreise von 10 Pfg. für das Stück abzugeben. Der Landwirtschaftskammer für die Provinz Hannover hat man

[1]) vgl. Landw. Jahrbücher Bd. 30, 1902. Ergänzungsband 4 S. 480.

die ersten Versuche in dieser Richtung zu verdanken. Schon im Jahre 1900 berichtete der Hauptgeschäftsführer der Kammer, Ök.-Rat Johannsen, in der Geflügelzüchter-Versammlung gelegentlich der landw. Wanderausstellung in Posen über die Versuche der Preisverteilung an bäuerliche Geflügelhöfe.[1]) In den Jahren 1902 und 1903 gewährte die Kammer an neun, 1904 bereits an vierzehn[2]) und 1905 an achtzehn[3]) Mustergeflügelhöfe Beihilfen.

Die Besitzer der unterstützten Höfe sind verpflichtet, über Futter, Eierzahl, Geldeinnahmen und Ausgaben genau Buch zu führen und die Aufzeichnungen der Landwirtschaftskammer zur Verfügung zu stellen. Diese will die Ergebnisse der Buchführung, die sich auf mehrere Jahre erstreckt und die, um einen Vergleich zu ermöglichen, nach Vorschriften der Kammer einheitlich geführt wurde, veröffentlichen. Man kann hoffen, daraus für die Rentabilität der bäuerlichen Geflügelhaltung wichtige Anhaltspunkte zu gewinnen. Bis jetzt liegen nur vereinzelte Angaben vor, die keinen allgemeinen Wert haben.

Die Rentabilität der Hühnerhaltung ist sehr verschieden je nach Absatzverhältnissen, Kenntnissen und Erfahrungen des Besitzers. Sie hängt auch vom Klima ab und ist jedes Jahr verschieden, je nach dem Wetter. Huschke[4]) nimmt an, daß im bäuerlichen Kleinbetriebe nach Abzug der Unkosten 30—40 % der Roheinnahmen als Reingewinn übrigbleiben. Übrigens kann man annehmen, daß eine Henne pro Jahr 3,50—4,00 Mk. Reingewinn einbringt.[5]) Es ist derselbe Reingewinn, welchen auch Ranuzzi Segni als für Dänemark im Durchschnitt zutreffend angibt,[6]) d. i. 3,50 Kronen = 3,94 Mark. Übrigens gehen die Ergebnisse der von verschiedenen Seiten angestellten Rentabilitäts-

---

[1]) Jahrb. der D. Landw. Gesellschaft Bd. 15, 1900, S. 278.

[2]) Hannov. land- u. forstwirtschaftl. Zeitung 1905 S. 159.

[3]) Ebenda S. 1049.

[4]) Leo Huschke, Landw. Reinertragsberechnungen bei Klein-, Mittel- u. Großbetrieb, Jena 1902, S. 169 Nota.

[5]) B. Blancke, Landw. Geflügelzucht 3. Aufl, Berlin 1904, S. 101.

[6]) C. Ranuzzi Segni, Op. cit. S. 17 Nota.

berechnungen weitauseinander. Es wird von 2 Mk., aber auch von 7 Mk. Reinertrag pro Henne und Jahr berichtet.[1])

5. Künstliche Brut.

Heute liegt der Schwerpunkt der Geflügelhaltung in der Eierproduktion. Um die Einnahmen zu vermehren, kann der Landwirt die Zahl seiner Legehühner bis ins unendliche steigern; sie nehmen wenig Platz ein, aber es gibt doch eine Grenze, von der an man auf Rentabilität nicht mehr rechnen kann. Ebenso könnte die Legetätigkeit der Hennen erhöht werden. Dazu bedarf es eines verständigen züchterischen Vorgehens, und außerdem gibt es auch hier eine wirtschaftliche Grenze.

Wir haben gesehen, daß die Eierpreise im Winter viel höher als im Frühjahr sind. In manchen Jahren betrugen die Schwankungen 70 %. Deshalb hat der Geflügelhalter ein großes Interesse daran, daß seine Hennen so viele Wintereier wie nur möglich legen. Das kann er auch durch zweckmäßige Fütterung und Pflege bis zu einer gewissen Grenze bewirken. Die Erzeugung von Wintereiern hängt aber in erster Linie von der Brutzeit ab. Tiere, die aus Frühbruten hervorgegangen sind, beginnen früh d. h. schon vor Weihnachten Eier zu legen. Um sich in der Erzielung von Frühbruten von der Glucke frei zu machen, wird in der Geflügelzucht das künstliche Ausbrüten verwendet. Warme Luft oder warmes Wasser ersetzt die Wärme des Tierkörpers. Auch Dampf und Elektrizität hat man als Wärmequellen benutzt. Diese Idee ist nicht neu.[2]) In Europa wurde aber früher davon kein Gebrauch gemacht, und erst in der neueren Zeit gelang es der Technik, durch Einführung der automatischen Wärme- und Feuchtigkeitsregulatoren brauchbare Brutmaschinen zu bauen. Man hat in Deutschland sehr viel von der künstlichen Brut erwartet und von Brutmaschinen, die in Deutschland seit 15 Jahren hergestellt werden, viele abgesetzt. Allein die Fabrik von F. Sartorius in Göttingen, die allerdings die einzige ist, die diese Fabrikation im großen betreibt, hat bis jetzt 10000 solche

[1]) B. Dürigen, Geflügelzucht 2. Aufl., Berlin 1906, S. 913.
[2]) Ed. Hahn, Op. cit. S. 307.

Maschinen geliefert. Wie viele davon noch im Betrieb sind, und wie viele in der Rumpelkammer liegen, bleibe dahingestellt. Die Maschine ist nicht genug vervollkommnet, daß sie von jedem mit Erfolg gehandhabt werden kann. Man bedarf vieler physikalischer und physiologischer Kenntnisse und einer großen Erfahrung und Geschicklichkeit, um gute Ergebnisse zu erzielen. Und eine solche Maschine ist auch zu teuer für den Kleinbetrieb. Die gebräuchliche Maschine für 100 Eier kostet 110 Mk. und die kleinste für 25 Eier 52 Mk. Die künstliche Brut leistet bedeutende Dienste in der Geflügelzucht, aber nur in großen Anstalten, in denen man einen geeigneten Raum und geschultes Personal zur Verfügung hat. Für den kleinen Produzenten ist sie auch aus einem anderen Grunde nicht geeignet: die Küchlein sind sämtlich schwächlich, besonders bei mangelhafter Leitung der Brut, aber der kleine Produzent braucht kräftige Tiere, die das Unwetter, besonders bei den nicht gerade zweckmäßigen Stallungen, ertragen können. Die Maschinen erfreuen sich in Deutschland nicht allzu großer Beliebtheit. Von den 900 Brutmaschinen, die Sartorius im Jahre 1904 absetzte, gingen 20 % = 180 Stück nach dem Auslande und nur 720 Maschinen wurden in Deutschland verkauft, die Hälfte davon war auf je 100 Eier berechnet.[2])

In England und besonders in Amerika hat die Brutmaschine viel mehr Verbreitung gefunden. Schon im Jahre 1846 wurde in England ein Verfahren, um Eier künstlich zu brüten, patentiert, und eine einzige Fabrik verkaufte bis zum Jahre 1903 29000 Stück, im Jahre 1903 allein etwa 4000 Stück Brutmaschinen. In den Vereinigten Staaten von Nordamerika wurden die ersten Patente für künstliche Brut in den Jahren 1843 und 1847 genommen. Im Jahre 1871 wurde die erste Brutmaschine patentiert, fand aber keine große Verbreitung wegen der mangelhaften Wärme- und Feuchtigkeitsregulierung. Durch Einführung eines Thermostaten mit Elektrizität wirkte Roosebrook im Jahre 1883 bahnbrechend auf die amerikanische Brutmaschinen-Fabrikation. Die technische Vervollkommnung (bis zum Jahre 1900 waren

---

[1]) Nach direkten Mitteilungen des Herrn F. Sartorius.

nicht weniger als 190 Patente in dieser Branche genommen)[1]) ging Hand in Hand mit der Vermehrung der Produktion. Heute gibt es dort mehr als 25 Fabriken, und einige davon sind Riesenbetriebe, die jährlich mehr als 50 000 Brutmaschinen liefern.[2])

Schluß.

Die Richtung, in welcher man für die Hebung der deutschen Geflügelhaltung arbeiten muß, ergibt sich aus den vorstehenden Darlegungen. Es ist nicht die Bildung großer Geflügelanstalten anzustreben, sondern wünschenswert ist es, daß jeder Landwirt, Landarbeiter und Landbewohner so viel Geflügel hält, daß die Küchenabfälle und minderwertigen Körner verwertet werden. Dann wird ein großer Teil des Geldes, welches Deutschland alljährlich für Geflügelprodukte dem Auslande bezahlt, im Lande bleiben und zur Stärkung einer ganzen Reihe wirtschaftlich schwacher Existenzen beitragen.

Die Geflügelhaltung, wie die Tierzucht im allgemeinen, hat für den Kleinbetrieb eine viel höhere Bedeutung, als für den Großbetrieb. Alle erklären, daß die Geflügelhaltung nur bis dahin sich rentabel gestaltet, wo besondere Arbeitskräfte dafür nicht nötig sind, wo also der Geflügelhalter oder seine Angehörigen die Arbeit dafür nebenbei leisten. Die großen Geflügelanstalten gedeihen entweder durch Subvention des Staates oder der Landwirtschaftskammern, oder sie helfen sich durch Sportgeflügelverkauf, Aufnahme von Lehrlingen, Verkauf von Geräten und Geflügelfutter. Die Mästereien, die hier nicht gemeint sind, beschäftigen sich gewöhnlich nicht mit Geflügelzucht, sondern kaufen die aufgewachsenen Tiere ein. Dieselbe Erscheinung sieht man in England.[3]) Es soll nicht gesagt sein, daß der landwirtschaftliche Großbetrieb im Verhältnis nicht so viel Geflügel halten kann wie der Kleinbetrieb, aber für jenen werden

[1]) Census Reports. Twelfth census 1900, Vol. IV S. 770.
[2]) Hermann Schneider, Künstliche Geflügelzucht, Leipzig 1904, S. 78.
[3]) The quarterly review a. a. O.

die Einnahmen nicht eine so große Rolle spielen wie für diesen. Die Geflügelhaltung scheint geradezu für den kleinen Mann (nicht nur Landwirt, sondern jeden Landbewohner) geschaffen zu sein. Sie erfordert nur ein winziges Kapital, die Einnahmen lassen nicht lange auf sich warten und kommen nicht alle auf einmal, wie bei Ernten oder Großviehverkauf, sondern verteilen sich auf alle Jahreszeiten. Die erforderliche Arbeit ist äußerst gering und kann auch von Kindern oder alten Leuten verrichtet werden, so daß sie die leistungsfähigen Arbeitskräfte nicht in Anspruch nimmt. Die Produkte der Geflügelhaltung können ohne weiteres im Haushalte verbraucht werden, weil sie keiner vorherigen Verarbeitung, wie das Getreide, bedürfen. Außerdem decken ein Huhn oder einige Eier auch in einer kleinen Familie den Bedarf nur eines Tages, dagegen bedeutet beim Großvieh ein geschlachtetes Tier einen Fleischvorrat, der weit über den Bedarf eines Haushaltes hinaus geht. Der Bauer verkauft den Ochsen an einen Händler, aber das Fleisch, welches er im Haushalte nötig hat, muß er von dem Händler zurückkaufen. Von den Produkten seines Geflügelhofes kann er dagegen in angemessenem Umfange seinen Bedarf decken und erst den Überfluß verkaufen. Dies ist ein wichtiger Punkt für die Ernährung der Bevölkerung auf dem Lande, und er tritt mehr hervor in den Gegenden, in denen das System der Einzelgehöfte herrscht, wo die Landbevölkerung zerstreut und ohne viele Marktgelegenheiten lebt.[1])

Daß in der Tat die Einnahmen aus dem Geflügel für den mittleren und kleinen landwirtschaftlichen Betrieb eine viel größere Wichtigkeit als für Großbetrieb haben, beweisen auch die vom Reichsamte des Innern veranstalteten und vom deutschen Landwirtschaftsrate in den Jahren 1898—1900 ausgeführten Erhebungen über die Rentabilität typischer Landwirtschaftsbetriebe. Die 1525 in Betracht gezogenen Betriebe wurden in 3 Gruppen geteilt. Die Gruppe I enthielt die Betriebe

---

[1]) vgl. T. von der Goltz, Handbuch der landw. Betriebslehre 3. Aufl., Berlin 1905, S. 247 und Vorlesungen über Agrarwesen und Agrarpolitik, Jena 1899, S. 83.

bis zu 50000 Mk. Gesamtwert (kleine und mittelbäuerliche Betriebe), die Gruppe II die Betriebe von 50000 Mk. bis 150000 Mk. Gesamtwert (großbäuerliche), die Gruppe III die Betriebe mit über 150000 Mk. Gesamtwert (Großgrundbesitz).[1])

Im Durchschnitte bildeten die Einnahmen aller berücksichtigten Betriebe aus der Geflügelhaltung 0,91 % der Einnahmen aus der Viehwirtschaft. In der Gruppe I machten sie aber 2,09 %, in der Gruppe II nur 1,55 % und in der Gruppe III sogar nur 0,62 % der Einnahmen aus den Viehbeständen aus.

Vergleicht man die Einnahmen aus dem Geflügel mit der Gesamteinnahme, so findet man dasselbe Verhältnis, und zwar bilden in der Gruppe I die Geflügeleinnahmen 1,06 %, in der Gruppe II 0,78 % und in der Gruppe III nur 0,24 % der Gesamteinnahmen.[2])

Im allgemeinen bilden also die Einnahmen aus der Geflügelhaltung 1 % in der Gruppe I, ³/₄ % in der Gruppe II und nur ¹/₄ % in der Gruppe III, bezogen auf die Gesamteinnahmen. Es ist noch zu bemerken, daß die Verschiedenheiten viel größer gewesen wären, wenn bei den Erhebungen die Zwergwirtschaften mehr berücksichtigt wären. Es waren nämlich unter den 1525 Erhebungsbetrieben nur 5 (0,3 % der Gesamtzahl)[3]) mit einer Fläche von unter weniger als 2 ha vorhanden.

Ist man über die Ziele, die zu verfolgen sind, einig, so gilt das nicht ohne weiteres für die anzuwendenden Mittel. Man hat Transportbegünstigungen uud Zollschutz verlangt und sich von der Verbreitung der künstlichen Brut viel versprochen. Wie wir gesehen haben, stehen der Anwendung dieser Mittel große Schwierigkeiten entgegen, aber bei der heutigen Rassenverwirrung, von der früher die Rede war, können sie nicht viel helfen. Um die Rentabilität zu steigern, müßte man zielbewußt vorgehen. Es müßte für geschlossene Gebiete eine den klimatischen Boden- und Absatzverhältnissen passende Zucht-

---

[1]) Amtl. Drucksache des Reichstages Aktenstück Nr. 704 (10. Leg.-Periode 10. Sess.) Anlage I S. 1.

[2]) Berechnet nach Zahlen angegeben ebenda S. 38.

[3]) Amtl. Drucks. d. Reichst. Akt. Nr. 704 Anlage I S. 1.

richtung gewählt und konsequent durchgeführt werden.[1]) Die vorhandenen Tiere, die dieser Zuchtrichtung nicht entsprechen, müßten ausgemerzt und durch Tiere der erwählten Rassen ersetzt werden; um diese zu produzieren, könnte man große genossenschaftliche Anstalten gründen oder auch Bauerngeflügelhöfe dazu benutzen. Anwendung von Zwang ist nicht zu empfehlen; die Landwirte eines oder mehrerer benachbarter Dörfer müßten sich vielmehr selbst zu diesem Ziele zusammenschließen. Diesen Weg haben schon einige Dörfer im Reg.-Bez. Cassel und Wiesbaden eingeschlagen und höchst erfreuliche Erfolge erzielt, so die Genossenschaft Lohrhaupten, Kreis Gelnhausen. Ein solches Vorgehen ist aber nur dann denkbar, wenn die Landwirte und Landarbeiter über diese Verhältnisse aufgeklärt werden und wenn sie fest zusammen halten. So erweisen sich auch hier, wie überall, wo es die wirtschaftlich Schwachen zu unterstützen heißt, als bestes Mittel zum Zweck: „Die Belehrung und die genossenschaftliche Selbsthilfe.“

Was den ersten Punkt betrifft, so sind Wanderlehrer anzustellen, die die Aufmerksamkeit der Landwirte auf die Geflügelzucht lenken und Kenntnisse über die Fütterung und Pflege des Federviehes verbreiten müssen. Auch an allen Lehranstalten, die Landwirte ausbilden, müßte man viel mehr Wert auf die Geflügelhaltung legen, als das bis jetzt der Fall gewesen ist. Vor allem wäre es zu wünschen, daß an den Universitäten und Hochschulen die jungen Landwirte für den Beruf als Landwirtschaftslehrer vorbereitet und überall Vorlesungen und Demonstrationen für Geflügelhaltung abgehalten werden.

Den zweiten Punkt betreffend, so ist zu hoffen, daß die Erfahrungen, die man im Laufe eines Jahrzehntes mit dem gemeinsamen Eierverkauf in der Provinz Hannover gemacht hat, überall dort, wo es die Verhältnisse zulassen, verwertet werden, und daß die Bewegung mit demselben Erfolge sich weiter verbreitet.

---

[1]) vgl. Hink-Freiburg, Bericht an die Geflügelzüchter-Versammlung in Hannover, Jahrb. d. D. L. Ges. 18. Bd. 1903 S. 322 ff.

Es bleibt für die Hebung der deutschen Geflügelhaltung noch viel zu tun, aber es ist in den letzten 10 Jahren, besonders von den Landwirtschaftskammern, sehr viel geschehen, und auch die Leistungen auf diesem Gebiete bedeuten einen Schritt vorwärts auf dem Wege, auf welchem Deutschland um die Jahrhundertwende an der Spitze der Kulturländer schreitet, ein Weg, der die allzu schroffen Gegensätze zwischen arm und reich mildern helfen wird und durch den auch die wenig Vermögenden von den Errungenschaften der menschlichen Kultur und Zivilisation Nutzen ziehen können.